KB261907

진보의 재구성

진보의 재구성
- 어느 실천가의 반성과 전망

지은이 l 민경우
펴낸이 l 김성실
편집 l 박남주 · 천경호 · 조성우 · 손성실
마케팅 l 이준경 · 이용석 · 김남숙 · 이유진
디자인 · 편집 l (주)하람커뮤니케이션(02-322-5405)
종이 l 한림피앤피
제작 l 미르인쇄
펴낸곳 l 시대의창
출판등록 l 제10-1756호(1999. 5. 11)

초판 1쇄 인쇄 l 2009년 7월 15일
초판 1쇄 발행 l 2009년 7월 17일

주소 l 121-816 서울시 마포구 동교동 113-81 4층
전화 l 편집부 (02) 335-6125, 영업부 (02) 335-6121
팩스 l (02) 325-5607
블로그 l sidaebooks.net
이메일 l sidaebooks@hanmail.net

ISBN 978-89-5940-148-2 (03300)
책값은 뒤표지에 있습니다.

어 느

실 천 가 의

반 성 과

전 망

민
경
우
지
음

시대의창

머리말

나는 386세대의 일원이다. 서울대 인문대 84학번이고 1987년 6월항쟁 당시 인문대 학생회장을 지냈다. 386세대는 전두환 정권과 사생결단의 각오로 싸웠다. 우리는 양민을 학살하고 들어선 정권을 한 치도 인정할 수 없었다. 386세대가 간직했던 이 결사의 각오가 서울역 회군과 광주의 유혈참사 대신 6월항쟁이라는 승리를 만들어낸 바탕이다.

386세대는 군부독재와 싸우는 동안에도 백가쟁명 하는 대논쟁을 벌였다. 이 과정에서 자주통일운동을 중시하고 대중운동과 연대연합을 강조하는 하나의 정견으로 통일된 집단(NL)이 출현했다. NL(자주파, 자주계열 등으로도 불린다)은 과거는 물론 지금도 전대협·한총련 등 학생운동, 민주노총·전농 등 노동자·농민조직, 민주노동당 등 진보진영의 다수를 차지하고 있다.

1993년 김영삼 민간정부가 들어서고 1991년 소련의 붕괴와 함께 미국 주도의 일극질서가 조성되었다. 386세대의 다수는 자기의 지향과 요구에 따라 각기 제도권으로 이동했다. 그러나 386세대의 또 다른 일부는 끝나지 않은 변혁을 위해 공장이나 농촌에 투신하거나 사회단체에서 활동했다.

나는 6월항쟁이 끝난 후에도 할 일이 남았다고 판단한 전투적인 386세대의 일원이다. 나는 통일운동에 관심이 많았고 1995년부터 2005년까지의 대부분을 조국통일범민족연합 남측본부 사무처장(약칭 범민련)으로 활동했다. 이 과정에서 두 번에 걸쳐 4년의 징역을 살았고 나머지 6년도 비정상적으로 생활했다. 30대의 10년을 통일운동을 하며 보낸 셈이다.

내가 10년간 통일운동을 했던 이유는 통일운동의 맥을 이어 언젠가는 찾아올 통일조국을 위해 원칙을 바로 세워야 한다고 생각했기 때문이다. 후대의 사람들이 '전설처럼 우리를 기억하기'(윤민석의 노래 '애국의길'에 나오는 가사다. 386세대라면 이 가사에 남다른 애정을 갖고 있을 것이다)를 기대하며 10년의 시간을 즐겁게(?) 보냈다. 통일정세로만 본다면, 현재 내가 예상했던 것보다 미국 주도의 일극질서가 빠르게 무너지고 있고 통일의 가능성은 훨씬 빠른 속도로 다가오고 있다. 아마도 우리는 2~3년 안에 믿기지 않는 현실을 보게 될 것이다.

그런데 정작 문제는 다른 곳에 있었다. 1987~88년에 정립된 NL노선은 20년의 시간을 거치며 현실과 많은 괴리와 한계를 드러내기 시작했다. 나는 2002년 월드컵을 지켜보면서 이런 생각을 했고 2003년 이후 가속화된 서민경제의 악화를 보면서 고민이 깊어졌다.

나는 내가 생각했던 바를 진보적 인터넷 매체인 《통일뉴스》에 '소통과 논쟁'이라는 제목으로 기고하기 시작했다. 그런데 그 반응이 내

머리말

가 생각했던 것과 많이 달랐다. 소통하고 논쟁하기를 기대했던 나는 주변 사람들이 보여주는 뜻하지 않은 긴장감에 적잖이 당황했다. 공감하는 이도 있었지만 강력하게 반발하는 사람이 적지 않았다. 반발하는 사람들의 경우 구체적인 사실과 일관된 논리에 기초하기보다는 신념과 원칙의 문제로 재단하고 토론 자체를 부정적으로 보고 있었다.

그러던 중 '대선-촛불시위-미네르바 현상'이 2007~08년을 강타했다. 나는 20년의 시간이 사람들을 얼마나 많이 변화시켰는지 바로 눈앞에서 목격했다. 10대 소녀들의 맹랑하면서도 활기 있는 집회, 자유롭고 역동적인 시청광장의 사람들, 한국경제를 분석하는 30대 초반의 청년 등을 보면서 NL을 비롯한 진보진영 전체가 시대에 뒤떨어지거나 대중과 소통하지 못하고 있다는 좌절감에 고통스러운 시간을 보냈다.

나는 시급히 NL노선을 시대에 맞게 재구성해야 한다고 판단했다. 그렇지 않으면 청춘을 바쳐 헌신했던 우리들의 삶 전체가 무의미한 것으로 전락할지도 모른다고 생각했다. 이에 '소통과 논쟁'에 실었던 글을 체계적으로 정리하고 새로운 문제의식을 담아 책으로 내기로 했다. 그리고 글의 형식은 보다 많은 사람들이 읽을 수 있도록 '무거운 칼럼' 정도로 정리했다. 따라서 이 글의 목적은 NL노선을 견지하며 운동을 했거나 하고 있는 사람들과 소통하기 위함이다.

나는 지금도 '촛불시위-미네르바 현상'이 보여준 새로운 시대가 낯설고 어색하다. 나는 여전히 1987년 6월의 거리와 1990년대 열정을 바쳐 싸웠던 통일운동의 감성에 묶여 있다. 아직도 '전대협 진군가'와 '통일선봉대 찬가'가 그냥 좋다. 그러나 진보와 이상을 꿈꾸는 자에게 시대와의 호흡은 생명과도 같은 것이다. 1990년대 열정을 바쳐 헌신했던 통일운동의 역사는 조만간 그 윤곽을 드러낼 것이다. 이제는 통일을 넘어 금융과 실업, 고령화와 저출산, IT와 줄기세포, 지구온난화와 신종 바이러스 등 새롭게 제기되는 시대적 과제와 맞서 앞으로 나아가자.

끝으로 이 책의 뿌리가 된 '소통과 논쟁'을 연재하도록 도움을 준 《통일뉴스》와 출판을 허락해준 시대의창에 감사의 인사를 전한다. 그리고 1990년대 고난에 찬 통일운동에 매진했던 수많은 사람들에게 각별한 애정을 보낸다.

민 경 우

＿차례

진보의 재구성
어느 실천가의 반성과 전망

4장　전통적인 계급적 시야의 한계

차례

1장

왜 문제를 제기하는가

통일운동을 둘러싼 한계

2005년, 무르익은 통일정세

2005년은 통일운동사에 길이 빛날 한해다. 2005년 평양에서 열린 6.15 5돌 행사는 당시 통일부 장관이던 정동영 장관과 함께 각계각층의 민간대표단이 참가하여 성대히 진행되었다. 6.15공동선언이 남과 북의 최고지도자가 서명한 선언인 만큼 남북의 통일정책을 책임지는 당국자들이 참여하여 6.15공동선언을 기념하고 그 실천의지를 밝히는 것은 무엇보다 중요한 의미를 갖고 있었다.

6.15 평양행사에 이어 8.15 행사에는 김기남 당비서를 단장으로 하는 북측의 대표단이 남측을 방문하였다. 8.15 행사는 상암경기장에 8만 명이 참가한 가운데 남북 축구대표팀의 시합과 함께 개최되었다. 특기할 만한 것은 김기남 당비서가 현충원을 참배한 점이다. 현충원은 남의 국군 장병이 묻힌 곳으로 6.25 전쟁에서 총부리를 겨누고 싸웠고 서로 정통성을 주장하며 갈등했던 북측으로서는 다른 어느 곳보다 예

민한 장소였다. 그런 면에서 김기남 당비서의 현충원 참배는 이제는 화해하자는 '북한스러운' 메시지였다.

2005년의 정세로 보면 이제 더 이상 남북관계가 후퇴할 일은 없을 것 같았다. 이러한 예상은 비단 남북관계뿐 아니라 북미관계를 비롯한 국제정세에서도 나타나고 있었다.

2001년 부시 행정부의 출범 이래 미국이 강행했던 일방주의, 이라크 침략, 대對테러전쟁은 곳곳에서 난관에 봉착하고 있었다. 이라크에서는 곤경에 처해 있고, 테러는 오히려 확대일로를 걷고 있었다. 더욱 심각한 것은 냉전이 붕괴된 이후 미국과의 대결을 부담스러워 하던 중국과 러시아가 이제는 공공연히 반미연대를 가시화하고 있고, 전통적인 우방인 유럽 대륙에서 미국의 이라크 침략에 대한 반대가 확산된 점이다.

2005년 무렵에는 미국을 궁지로 몰아넣는 사건들이 한꺼번에 터져 나오고 있었다. 푸틴 러시아 대통령과 후진타오 중국 국가주석은 중국과 러시아를 오가며 미국의 일방주의에 맞서 '다극화'를 선언하고, 그 연장선에서 2005년 8월 산둥반도에서 군사훈련을 단행했다. 예민한 시기, 예민한 장소에서 진행된 이 군사훈련은 '미국-일본-호주'를 연결하는 친미 블록이 대륙으로 진출하는 것을 반대한다는 분명한 메시지를 담고 있었다.[1]

---

[1] 미국의 이라크 침략으로 그 분화가 드러난 열강 질서는, 첫째 미국 중심의 일극질서와 그에 동조하는 세력(대표적으로 미-영, 미-일-호주를 연결하는 해양패권), 둘째 독일과 프랑스를 중심으로 하여 이라크 침략에 반대하는 탈미적 유럽, 셋째 중-러연대 강화를 기본으로 하여 중앙아시아, 중동, 인도 등을 포괄하는 유라시아 대륙의 움직임이다. 이 중 세 번째 움직임은 미국의 일극패권을 뿌리로부터 흔들 잠재력이 있다는 점에서 대단히 심각한 사태 발전이다.

한편 미국의 이라크 침략에서 수세에 몰려 있던 '불량국가'들은 일제히 공세로 전환하기 시작했다. 북한은 2월 10일 6자회담 불참과 핵 보유를 선언했고 6월 이란 선거에서는 하타미-라프산자니로 이어지는 중도온건파 대신 대미 강경파인 아마디네자드가 당선되었다. 미국의 앞마당 베네수엘라에서는 차베스 대통령이 '21세기 사회주의'를 주창하였다.

2005년을 기점으로 전환되기 시작한 국제정세는 2006~07년에 더욱 심각한 양상으로 발전했다. 중-러의 연대가 깊어지고, 북한은 핵실험을 강행했으며, 이란과 베네수엘라의 대미 공세가 강화되는 가운데 중동(팔레스타인의 하마스와 레바논의 헤즈볼라)과 중남미(볼리비아, 에콰도르)에서 이란, 베네수엘라와 친화력이 있는 정치세력이 선거를 통해 집권하였다.[2]

필자는 이런 정도라면 2007년 대선에서 한나라당이 집권하기 어렵겠다고 생각하고 있었다.

문제는 경제

그러나 상황은 전혀 엉뚱한 방향으로 흐르기 시작했다. 문제는 갈

2　2006년 7월 레바논 남부에서 벌어진 이스라엘과 헤즈볼라 사이의 격전은 34일 만에 끝났다. 네 번에 걸친 중동전에서 한 번도 진 일이 없는 이스라엘을 상대로 무장정치조직에 불과한 헤즈볼라가 34일을 버텼다는 것은 거의 기적에 가까운 일이다. 이 역시 2003년 이라크 침략 이후 급진화하고 있는 중동의 정세를 빼놓고서는 생각할 수 없는 현상이다.

수록 팍팍해지는 서민대중의 생활과 사회적 양극화의 심화였다.

1998년 IMF 이후 대기업에서 고용을 방출하면서 사람들이 거리로 쏟아져나왔다. 이들은 중소기업을 창업하거나 비정규직과 자영업에 뛰어들었고 대기업에서 일자리를 구하지 못한 사람들은 이들 중소기업, 자영업에서 일자리를 구하기 시작했다. 1998년부터 2002년 사이 한국의 고용상황을 그나마 완화시켰던 것은 무분별한 경기 부양에 따른 자영업 창업이었다. 그러나 2002년 카드대란 이후 자영업은 속절없이 무너지기 시작했다. 대형 마트가 출현하면서 자영업의 붕괴는 더욱 가속화되었고, 급기야 2004년 11월 2일 전국의 음식업주들이 국회 앞으로 몰려가 솥단지 시위를 벌이는 사상 초유의 사태가 벌어지기 시작했다. 이들은 2005년을 경계로 반反노무현의 선봉이 되었다.

대학생들의 취업난과 등록금 인상 또한 문제였다. IMF 이후 수익 위주의 보수적인 경영이 정착되면서 대학생들을 받아줘야 할 대기업은 신규 고용 자체를 줄이거나 경력직 위주로 채용하여 대학생들의 취업을 어렵게 했다. 대학생들은 늘어난 반면 취업문은 점점 좁아져가고 있었다. 그렇다고 해서 고용조건이 열악한 중소기업에 취업할 수는 없었다. IMF 이후 가속화한 대기업과 중소기업의 양극화는 근로조건을 심각하게 차이 나게 했고, 이런 상황에서 중소기업이나 비정규직으로 취업한다는 것은 상층으로의 신분상승을 사실상 포기해야 함을 의미했다. 이런 상황에서 많은 대학생들이 당장의 하향 취업 대신 학업을 연장하거나 안정된 직장을 찾아 공무원 시험에 뛰어들었다. 이들은 2007년 대선에서 대거 투표에 기권하는 형태로 사회에 대한 불만을 드러냈다.

2002년 13만 농민의 서울 집중, 2003년 한-칠레 FTA 반대, 멕시코 칸쿤에서 진행된 WTO 각료회의에서 이경해 씨의 자결, 2005년 홍콩 원정, 쌀개방 반대투쟁, 2006년 한미 FTA 등 노무현 정권 아래에서 한국의 농민들은 세계 농민운동사에서 유례를 찾아보기 어려운 기념비적인 싸움을 벌였다. 그러나 2000년대 대한민국의 농민들은 너무 숫자가 적었고, 너무 고령화되어 있었다. 기득권층은 농민들을 철저히 무시하는 전략으로 일관했다. 2007년 대선에서 영남의 농민들은 이명박 후보에, 호남의 농민들은 정동영 후보에 표를 던졌다. 농민들이 이 세상을 바꾸기에 한국사회는 너무 달라져 있었고 농민들은 여전히 전통적인 질서에 묶여 있었다.

자영업자, 20대 대학생, 농민 등 사회적 양극화의 아래쪽에 위치한 집단이 고통 받고 있는 사이 한국의 수출은 기념비적인 성장을 거듭하고 있었다. 삼성전자, 현대자동차는 수조 단위로 이익을 내고 있었고 대기업, 공기업, 금융기관 등에 종사하는 고액연봉의 대도시 임금근로자들은 사회적 통합을 위한 노력보다는 주식, 부동산 등 자산투자나 영어교육, 사교육 열풍에 열을 올렸다.

그리고 2007년, 경제를 살리겠다는 간명한 메시지를 앞세운 이명박 후보가 대선 정국을 시종일관 압도했다. 다른 말이 필요 없었다. 부동산에서 돈을 번 강남의 부자들은 또 한 번의 극적인 투기를 위해, 서민들은 뒤늦게나마 펀드와 부동산에서 한몫 보려는 안타까운 기대를 품고 이명박 후보에 표를 던졌다. 또는 아예 선거에 불참했다. 대선 직전에 열린 2차 정상회담은 미풍에 그쳤고, 1980년대 민주화를 선도했던 호남의 저항은 역부족이었다.

이렇게 해서 2007년 대선에서 6.15공동선언을 공공연히 부정하는 후보가 당선되었고 그보다 더욱 보수적인 이회창 후보는 대전충남을 무대로 재기에 성공했다. 2005년 통일부 장관으로 개성공단의 주역이라며 자신을 내세웠던 정동영 후보는 허무하게 무너졌고, 세 번째 대선에 도전한 권영길 후보는 3퍼센트라는 허망한 득표에 만족해야 했다.

왜 그랬을까? 도저히 꺾일 것 같지 않던 통일정세는 왜 그렇게 허망하게 무너졌을까?

필자가 통일운동에 전념했던 것은 통일정세의 격변이 한국 정치지형의 변화를 가져오고 이것이 한국사회의 진보적 발전에 밑거름이 될 것이라는 믿음 때문이었다. 그러나 현실은 거꾸로 현실경제의 악화가 통일정세를 압박하여 10년간의 남북관계의 진전을 무위로 돌리는 역설적인 상황이 발생하고 말았다.

문제는 경제였고 서민들의 구체적이고 실질적인 삶이었다. 이것이 필자가 통일 대신 경제를 필자의 삶의 중심 화두로 올려놓게 된 이유다.

2007년 대선 그리고 청계천 촛불

2007년 대선, 뼈저린 패배

2007년 12월, 대선이 다가오면서 필자는 심한 무력감에 빠져들기 시작했다. 2002년의 경험 때문일까? 지금은 한나라당이 우세하지만 어쨌든 막판에는 이길 거라는 희망이 있었는데 이제 그조차 점점 사라져가고 있었다. 대선 막판의 정상회담, BBK 동영상 등 나름대로 전세를 바꿀 만한 소재가 없지 않았으나 대세를 흔들기엔 역부족이었다. 결과는 이명박 후보와 정동영 후보 사이의 표 차이가 컸을 뿐 예상을 크게 벗어나지 않았다. 충격적이었던 것은 권영길 후보의 참패였다.

필자는 대선이 가까워질수록 민주노동당과 운동진영의 행보에 대해 비판적인 생각을 갖게 되었다. 그래도 어느 정도는 할 거라 생각했다. 그러나 선거결과는 예상보다 심각하고 참혹했다. 3.1퍼센트, 71만 표……. 뼈아팠던 것은 2002년 대선보다 득표(95만 7000표)가 적었던 점 그리고 문국현 후보에게 돌아간 137만 표, 5.8퍼센트였다.

2007년 대선에서는 이명박 후보와 정동영 후보 간 격차가 컸기 때문에 내심 권영길 후보를 지지하면서도 정동영 후보에게 투표하는 사표심리가 작동할 여지는 많지 않았다. 선거결과는 액면 그대로 민주노동당에 대한 민심을 보여주고 있었다. 2002년 선거에서 많은 유권자들이 권영길 후보 대신 노무현 후보에게 투표했던 점을 고려하면 2002년과 2007년의 차이는 보다 컸다고 볼 수 있다. 8월 23일, 투표일 불과 4개월 전에 출마를 선언한 문국현 후보의 선전은 민주노동당이 어디에서 민심을 잃었는가를 잘 보여주고 있었다. 민주노동당은 대도시의 개혁적인 중서민 대중을 설득하는 데 실패했다. 권영길 후보는 최소한 권영길＋문국현＝8.9퍼센트, 208만 표 정도는 나왔어야 했다.

그리고 분당사태가 이어졌다. 필자는 분당을 강행한 동지들이 더욱 큰 책임을 져야 한다고 생각한다. 그러나 분당사태에 대처하는 주류 운동진영의 처신은 민주노동당, 민주노총, 전농 등 주요 정당과 대중조직의 집행부를 장악했던 사람들의 안목과 수준을 잘 보여주었다. 언제부터인가 원칙이라는 이름 아래 활동가 위주의 편협하고 경직된 대응을 강조하는 풍조가 강화되었고, 그 연장선에서 대선 참패 이후 대혁신을 주도해야 할 시점에 민주노동당을 둘로 쪼개고 말았다.

고통스런 몇 개월이 흘렀다. 정말 무엇을 해야 할지 몰랐다. 이명박 정부 5년도 아득해 보였고 무엇보다 지금까지 20여 년 동안 걸어왔던 길이 옳았는가에 대한 회의감에 잠을 이루지 못했다. 2012년에는 다시 재기할 수 있을까? 선거에서 또 진다면 이미 50살이 되어 있을 나는 무엇을 할 수 있을까? 그리고 2012년의 사람들이 20여 년간 나름대로 청춘을 바쳐 걸었던 우리의 길이 가치 있었다고 평가해줄까?

청계천에 타오른 놀라운 촛불들

고통과 번민 속에서 날을 보내고 있을 무렵 예상치 못한 곳에서 놀라운 반전이 터져나왔다. 5월 2일 청계천에서 집회가 열린다는 이야기를 들었다. 필자는 그냥 의례적인 집회 정도로 알고 대수롭지 않게 넘겼다. 그런데 그날 저녁 집회에 참가했던 동료들로부터 놀라운 이야기들이 전해지기 시작했다. 필자는 다음날 모든 일정을 비우고 청계천으로 갔다.

거리를 가득 메운 10대 소녀들……. 어디서 배웠을까? 격정이 묻어나는 진솔한 연설에 한참동안 넋을 잃고 쳐다보고 있었다. 참으로 오랜만에 연설이 재미있다는 것을, 너무도 오랜만에 사람들이 하는 그저 그런 이야기가 감동적일 수 있다는 것을 느끼고 있었다. 그리고 수백, 수천의 여중생과 여고생들이 함께 부르는 윤도현의 아리랑과 경쾌한 리듬의 애국가……. 이들에게는 운동권 집회에서는 경험할 수 없는 절실함이 담겨 있었다. 그리고 이명박 정부와 정책기조 전반에 대한 명료하고 확신 있는 반대의사가 담겨 있었다. 5월 3일 청계천 광장에는 이전과 전혀 다른 새로운 세대가 출현하고 있었다. 20여 년 전 386세대가 전두환 정권의 총칼에 맞서 겁 없이 돌진했을 때의 저돌성(?)이 청계천을 가득 메우고 있었다. 모름지기 싸움은 주체의 신념과 의지에 비례하는 법, 필자는 이 시위가 쉽사리 끝나지 않을 것임을 직감했다.

그렇게 두 달여의 시간이 흘렀다. 두 달 동안 청계천과 서울광장에서는 무수한 전설과 신화가 탄생했다. 그리고 7월이 되면서 이 조숙했던 시위는 역사의 무대로 퇴장했다. 역사의 무대로 퇴장한 것은 역설적으로 이 시위가 이명박 정부의 어설픈 양보와 사과에 굴복하지 않을 정도로 강했기 때문이다. 1987년 6월항쟁은 6.29선언이라는 '사기성' 선언 하나에 속절없이 무너졌지만 2008년 5~6월의 시위대오는 이제 취임한 지 3개월이 채 못 된 대통령에게 탄핵과 퇴진을 요구하고 있었다. 수백만의 평화적인 시위로 대통령이 하야할 것으로 믿었다면 이 시위대오는 세상을 너무 쉽게 본 것이다. 그렇지만 재협상이나 대통령의 사과 정도가 아니라 대통령의 하야와 탄핵을 요구할 정도로 대오는 강인하고 위력적이었다.

무엇이 중심인가? 세상을 너무 순진하게 보는 것은 시간이 지나면 해결되는 문제다. 386세대도 그랬다. 매년 영등포와 서울구치소를 가득 메우면서도 이듬해 다시금 새로운 구호로 무장하고 철벽에 도전했던 것이 386이었다. 순진한 것은 배우면 되지만 나약한 것은 해결책이 없다. 그런 면에서 2008년 5~6월의 시위는 더 큰 시위를 예고하는 전조라고 봐도 좋을 것이다.

촛불에 뒤떨어진 운동권

5~6월 격동하는 촛불시위 동안에 필자는 철저히 주변인이었다. 20여 년간 운동을 하면서, 적어도 정권과 정면으로 싸우는 투쟁의 공간에서 필자는 주변인인 적이 없었다. 설사 내가 참가하지 않더라도 거기에는 친구(또는 선배나 후배)가 관여되어 있었고 필자는 그들과 호흡을 같이 하며 고락을 함께 할 수 있었다. 그러나 5~6월 필자는 그저 쫓아다니는 것 말고는 달리 할 일이 없었다. 무엇보다 촛불을 주도했

던 사람들의 주장과 구호, 그들이 자신을 표현하는 방식과 감수성이 필자가 배워왔던 것과는 달랐다.

6월 10일 서울광장을 가득 메웠던 사람들의 다수는 운동권이었을 것이다(6월 10일은 1987년 6월항쟁이 시작된 날로 상징성이 크다. 이에 범국민대책위에서 6월 10일을 정점으로 놓고 서울 중심부에서 큰 규모의 집회를 개최했다). 그러나 중요한 것은 서울광장을 주도하는 주장과 구호, 문화와 정서가 누구로부터 나오는가다. 1987년 7~9월 노동자들의 파업이 전국을 뒤엎을 때, 필자는 노동자들의 모습이 참으로 놀랍고 경이로웠다. 사람을 압도하는 노동자들의 물결, 지게차와 샌드머신을 앞세운 장엄한 행렬 앞에서 왜 노동자들을 역사의 주역이라고 부르는지를 실감할 수 있었다. 그러나 2008년 5~6월, 서울의 거리에서 민주노총을 포함한 운동권들은 자신의 노선과 정책, 자신의 주장과 세계관, 자신의 신념과 문화를 내보이지 못했다. 촛불시위 대열을 고려한 세심한 배려였다고 자위할 수는 있다. 그러나 문제는 운동권이 세상에 내보일 만한 그 무엇을 만들지 못했던 것이다.

5~6월의 촛불대오는 '모든 권력은 국민으로부터 나온다'며 민주주의의 확장을 요구했다. 이는 전민항쟁을 주장하며 '한국에서 민주주의는 허구'라고 주장했던 운동진영의 오랜 버전과는 다른 것이다. 5~6월의 촛불대오는 대운하 반대와 전기·가스·물·건강보험의 민영화 반대, 교육정책과 국민건강권을 의제로 내걸었다. 이를 8월 5일 부시방한 반대투쟁과 8.15 통일행사로 연결 지으려던 운동진영의 어설픈 시도는 간단히 무시되었다. 5~6월의 촛불대오는 소통과 네트워크로 무장한 수평적 민주주의로 단련되어 있었다. 이들은 토론과 논쟁을 즐겼으며 가는 곳마다 저마다의 방식으로 자신의 문화와 세계관을 표

현했다. 이는 지도와 대중, 민주집중제를 주장하며 일사분란한 단결을 강조했던 운동진영의 조직문화와는 다른 것이었다.

세상은 시대에 부합하는 뚜렷한 노선과 정책, 사상과 세계관, 철학과 문화를 드러내고 이를 통해 대중과 결합할 수 있는 사람들의 것이다. 그런 면에서 운동진영은 실패했다. 부지런히 싸웠고 많은 헌신적인 활동가들을 키웠으며 이를 기반으로 진보정당과 주요 대중조직의 집행부를 장악했지만 세상에 내놓을 만한 무언가를 준비하지 못했거나 시대와 부합하지 않았다.

필자는 촛불시위에서 드러난 새로운 세대와 노선을 따라 다른 길을 걷기로 마음을 굳혔다.

2008년 경제위기와 미네르바 열풍

경제와의 싸움 economy 1000

2007년 하반기, 대선의 양상은 시간이 흐를수록 패색이 짙어가고 있었다. 필자는 왜 이렇게 되었을까 라는 고통스러운 질문에 매달리고 있었다. 정확한 원인이 무엇인지는 잘 몰라도 그것이 경제와 연관되어 있는 점은 명백했다. 때마침 미국발 경제위기가 전 세계로 확산되는 조짐이 역력했다. 필자는 이것이 단순한 경제위기가 아니라 오랫동안 묵시록(?)처럼 예언됐던 미증유의 경제위기와 연결되어 있고 한국사회에 심대한 영향을 미칠 것이라고 직감했다.

필자는 대선에서의 승패를 젖혀 두고 경제에 매달리기 시작했다. 향후 운동의 전망은 경제문제에 대한 인식 정도에 달려 있다고 보고, '이코노미 1000'이라는 이름으로 사람들을 설득하기 시작했다. 미국발 경제위기가 심각한 수준으로 확대될 것이고 이에 미리 대비하기 위해 빠른 시간 안에 경제학습 서클 1000개를 조직해야 한다는 것이 주장의 요지였다. 필자는 경제학습과 함께 그동안 미뤄두었던 운동이론을 현대적으로 재구성하는 문제에 착수했다. 그리고 이를 인터넷언론 《통일뉴스》에 '소통과 논쟁'이라는 이름으로 발표하기 시작했다. 그러나 얼마 되지 않아 뜻밖의 난관에 봉착했다. 기대했던 소통과 논쟁 대신에 거센 비난에 직면했던 것이다.

주류 운동이론은 대체로 1985~88년경에 만들어진 것이다. 따라서 20년이 지난 상황에서 이를 시대에 맞게 재구성하는 것은 지극히 당연한 작업이었다. 그런데 마치 성경의 문구를 있는 그대로 이해해야 한다고 주장하는 '근본주의자'들과 같이 단어 하나라도 고치면 개량주의니 변절이니 하며 단죄하는 풍토가 만연해 있었다. 무엇보다 사람들 사이에서 토론하고 학습하는 풍토 자체가 사라져 있었다. 건설적인 탐구와 논쟁을 기대했던 필자로서는 실망의 연속이었다. 논쟁을 하려고 해도 코드가 맞지 않았다. 경제공부를 하자고 제안했더니 엉뚱하게 북한공부를 해야 한다는 반론이 돌아오는가 하면 사회과학 이론의 초보적인 개념조차 동의하려 하지 않았다. 이러한 경향은 자신이 원칙론자라고 확신하는 강도가 강할수록, 운동경력이 오래된 사람일수록 더욱 심했다.

또 다른 난관은 필자 자신에게 있었다. 필자가 갖고 있는 경제지식은 1980년대 중반 대학시절에 배운 경제학원론과 주로 제조업과 무역구조를 중심으로 경제를 분석하던 시절에 머물러 있었다. 그리고 통일운동 틈틈이 곁가지로 읽었던 경제학 서적 등이 대부분이었다. 그야말로 버전이 달랐다. 1990년대 이후 세계적으로는 금융자본주의, 국내적으로는 민간 주도의 경제구조와 금융개방이 본격화되면서 경제구조 자체가 달라져 있었다. 외환과 금융을 모르면 아무것도 이해할 수 없었다. 제조업과 무역에 익숙한 필자로서는 외환과 금융에 관한 초보적인 개념조차 익숙하지 않았다. 이런 상황에서 큰 도움이 되었던 것은 삼성경제연구소의 보고서와 새로운사회를위한연구원(이하 새사연)의 각종 레포트들이었다. 삼성경제연구소의 보고서는 필자의 실력으로는 찾기 어려운 기본 통계들을 잘 정리해두고 있었고 새사연의 레포트는 이를 진보적인 관점에서 재구성하는 안내서 역할을 해주었다.

코끼리를 조금씩 만져가며 코끼리 전체를 재구성하듯 고단한 작업을 이어갔다. 공부는 삼성경제연구소와 새사연에서 시작하여 점차 한국은행, 통계청으로 꼬리를 물며 발전하고 있었다. 이와 함께 이코노미 1000도 느리지만 성과를 내고 있었다. 필자는 IMF 이후 한국경제의 개괄, 고용과 주식·부동산 동향, 미국발 금융위기의 기본 구조 등에서 어렴풋이 전체상을 이해하기 시작했고 이를 동료, 선후배들과 함께 공부했다.

9월 15일, 미국 굴지의 투자은행 리먼 브라더스가 파산하면서 미국발 금융위기는 그야말로 눈앞의 문제로 다가서기 시작했다. 그때부터 두 달 동안 필자는 필자 인생에서 가장 바쁜 시간을 보냈다. 한편으로는 경제포럼, 서클 등을 통해 공부모임을 조직하고 다른 한편으로는 밀려드는 강연을 소화했다. 통일강연을 다닐 때는 가능한 한 뒷풀이를 자제했지만 이번에는 강연보다 뒷풀이가 중심이었다. 사실 한 번 강연으로는 별 효과가 없다. 한 번의 자극이 될 수는 있어도 그것이 피가 되고 살이 되지는 않는다. 뒷풀이 자리에서는 가능하면 경제공부를 계속할 것, 고용·금융·국제수지 등 기본적인 내용을 몇 부분으로 나눠

체계적으로 공부할 것을 권했다. 상황이 상황인지라 많은 사람들이 이런 제안에 공감했고 이코노미 1000이라 이름 지었던 필자 나름의 계획은 전혀 다른 형태로 보다 빠르게 확산됐다.

두 달의 시간이 지나면서 필자는 몇 가지 중요한 사실을 깨달았다.

첫째, 사람들이 너무 모른다는 것이다. 대부분의 활동가들이 지나칠 정도로 경제에 대해 아는 것이 없었다. 너무 오랜 시간 사람 좋고 성실하며 열심히 싸우는 운동의 한 쪽 측면으로만 발전해 있었다.

둘째, 운동집단이 구조적으로 경제현실과 괴리되어 있었다. 경제를 잘 알고 가장 민감한 집단은 주식투자를 하는 샐러리맨, 재테크에 관심이 많은 주부, 상경계열에 다니는 대학생들이다. 반면 노동조합에 속한 임금근로자, 전업활동가, 세상물정과 상관없이 근면성실하게 살아가는 사람들은 경제에 대해 잘 모르거나 관심이 없다. 주류 운동진영은 영락없이 후자에 속한다. 더욱 심각한 것은 양자의 수준 차이가 너무 크고, 학습하려는 기풍이 무너져 있다는 점이다. 특히 대학생들의 경우 운동권 학생들에 비해 그렇지 않은 학생들이 훨씬 진지하게 강연을 듣는다. 경제와 금융에 한정해서 본다면 주류 운동진영이 일반 시민들에게 무언가를 가르친다는 것 자체가 성립될 수 없는 상황이다.

셋째, 운동 중하부층과 상층이 괴리되어 있다. 운동 중하부층, 특히 대중과 밀착해서 활동하는 사람들은 감각적으로 경제가 중요하다는 사실을 깨닫고 경제공부를 해야 한다는 사실에 동의했다. 그런데 운동 상층부 중 일부는 그렇지 않았다. 이들은 20여 년 전 도그마에 얽매여 경제공부를 해야 한다는 사실에 불순한(?) 내막이 있지 않은가 의심했다. 필자가 경제공부를 주장하는 것은 그저 단순히 서민생계를 잘 알아야 한다는 데 있지 않다. 경제공부를 통해 현재 상황을 자연스럽게 소개하고 이를 통해 운동이론을 재구성해야 할 필요성을 강조하기 위해서다. 노동자 1000만, 농민 800만일 때의 노농동맹과 노동자 1600만, 농민 180만, 도시 소상인 600만일 때의 노농동맹은 다른 의미일 수밖에 없다. 기본 통계조차 경시하는 현실을 우회적으로 돌파하기 위한 수단이 경제공부였고 그런 면에서 보면 필자의 시도는 분명 불순한(?) 의도를 갖고 있긴 하다.

무명의 논객들과 운동진영의 무능함

필자가 경제를 공부하자고 주장하고 경제학습 서클을 조직하고 있을 때 온라인에서는 경천동지할 대논쟁이 붙고 있었다. 미네르바, 김광수경제연구소, SDE, 새사연의 김병권 센터장 등 이전에는 이름조차 제대로 알려지지 않던 무명의 필자들이 일약 대스타로 부상하고 있었다. 이들은 현 정부의 근거 없는 낙관론(?)을 뒤집어 한국경제의 실상을 적나라하게 소개하여 온라인의 대스타로 부상했다. 이들의 공통점은 첫째, 기획재정부나 삼성경제연구소 등과 같은 이른바 주류가 아니라는 점, 둘째, 하나마나한 소리를 되풀이하는 강단 좌파가 아니라는 점, 셋째, 외환이나 금융 등에 남다른 식견을 갖고 있는 점 등이다. 나름대로 1년 전부터 경제를 공부해야 한다고 역설하고 다녔던 필자로서는 세 번째 지점이 가장 가슴 아픈 현실이었다.

운동진영은 최저임금·비정규직·등록금·농업문제 등 서민경제와 관련된 이러저러한 분석과 대안들을 내놓고 있고, 그들 대다수가 진보적인 분석과 대안으로서 손색이 없다. 그러나 2008년 10월 사람들이 원했던 것은 서민경제에 대한 이러저러한 분석과 대안이 아니라 한국경제 전반에 대한 냉정한 진단이었다. 우리는 서민경제의 옹호자이기 이전에 대한민국 경제의 미래를 재설계하는 책임 있는 정책이론가여야 한다. 하지만 주류학자들은 근거 없는 낙관론만 되뇌고 있었고, 비주류 강단 좌파들은 원론만 되풀이하고 있었으며, 일선의 대중운동가들은 주전선主戰線을 비워두고 중요하지만 한가한 곳(가령 종합부동산세제)에서 싸우고 있었다. 이 틈새를 비집고 일당백, 일기당천의 투사들이 역사의 전면에 등장한 것이다. 다시금 운동진영은 천재일우의 기회를 놓쳤다. 국가보안법 때문에 할 말을 제대로 할 수 없을 때야 그렇다고 치자. 그러나 지금은 실력만 있다면 얼마든지 인터넷에서 속칭 '뜰 수 있는' 기회가 있다. 그럼에도 우리는 멍하니 눈 뜨고 그 기회를 날려버린 것이다.

터놓고 말하면 주류 운동진영의 최고급 이론가들은 2008년 10월 무슨 일이 있어났는지 설명할 능력조차 없다. 이들은 '거대담론＋적당히 꿰맞춘 통계＋누구에게나 좋을 법한 그래서 공허한 진보적 대안'을 가지고 무책임하게 글을 쓴다. 그런데 여기에는 정작 중요한 포인트, 즉 한국사회에서 지금 무슨 일이 있어나고 있으며 당장 내일 무슨 일이 일어날 것인지에 대한 분석이 빠져 있다. 그러니 이런 류의 글을 어디에다 쓰겠는가?

더욱 심각한 것은 자신들이 현 경제상황을 설명할 능력이 없다는 점 그리고 20여 년 전의 낡은 버전으로는 현 경제상황을 설명할 수 없다는 점 그래서 촌음을 아껴 열심히 탐구하고 공부하며 개방적인 태도로 여러 자료와 이론을 섭렵해야 한다는 점을 모르고 있다는 거다.

2008년 10월 태풍과도 같이 몰아쳤던 금융공황의 와중에서 운동진영은 철저히 무능했다. 재기할 수 있을까? 재기는 어렵지 않다. 우리는 이미 1986년 건국대 사건[3]의 참혹함을 딛고 불과 8개월 만에 6월항쟁을 만들어낸 바 있다. 중요한 것은 현실을 객관적으로 인정하고 그에 맞게 자신을 바꾸려는 노력을 하느냐 마느냐 여부다. 필자는 죽이 되든 밥이 되든 싸우기로 결심했다.

3　1986년 10월 말 건국대에서 전국 29개 대학에서 모인 2000명의 대학생이 '전국 반외세반독점 애국학생투쟁연합' 결성식을 열었다. 이들은 경찰에 둘러싸인 채 4일 동안 싸우다 8000명의 진압경찰에게 진압되어 1525명이 연행되고 1290명의 학생들이 구속됐다. 이때 구속된 숫자는 단일사건으로 최대를 기록했다. 이 사건으로 학생들뿐 아니라 재야단체와 야당의 인사들도 탄압을 받았다. 건국대 사건은 당시 국민들 사이에서 불붙는 민주화에 대한 열망을 공산주의의 위협이라는 색깔론으로 탄압한 대표적인 사례다(네이버 지식인).

2장

한국사회의 종속성을 둘러싼 문제

달라진 한미관계

1987년 6월의 격전

1985년 5월, 서울대, 연세대, 고려대 등 서울 지역 다섯 개 대학 학생 72명이 서울 을지로에 있는 미 문화원을 기습 점거했다. 이들은 1980년 광주 양민학살과 군사정권 지원에 대한 미국의 책임을 묻고 있었다. 미국⋯⋯. 1980년 광주항쟁에서 시작된 대학생들의 의문과 도전은 마침내 한국사회 최후의 금기인 미국에 다가서고 있었다. 당시 대학 2학년이던 필자에게도 움직일 수 없는 증거가 있었다. 군사작전지휘권을 미국이 쥐고 있다는 것, 1980년 5월 22일 전방에 주둔하고 있는 네 개 대대의 광주 이동을 미국이 승인했다는 언론보도 등⋯⋯. 당시 농성 학생들은 "당신들의 주장이 반미인가"라는 기자들의 질문에 "반미는 아니"라며 한 발짝 물러서긴 했지만 이미 돌아설 수 없는 다리를 건너고 있었다.

1986년 봄, 미 문화원이 사건이 있은 후 1년이 채 못 되어 모호하게 남겨두었던 미국에 대한 의문은 완전히 사라졌다. 1985년의 애매함을 청산(?)이라도 하듯 학생들은 '반전반핵 양키고홈' '평화협정 체결' '군 작전권 반환' 등 지금도 유효할 최첨단의 주장을 쏟아냈다. 이 조숙했던 반미시위는 1986년 건국대 사건을 계기로 진압되었다. 그러나 이미 학생들 사이에서 반미는 대세가 되었고 전선은 미국의 한국에 대한 정책을 둘러싼 군부와 민중 사이의 대리전으로 옮겨가 있었다.

1986년 말 서울아시안게임이 끝나자 전두환 정권은 김영삼, 김대중이 이끄는 민간 정치세력과의 타협 대신 강경노선을 걷기 시작했다. 이 과정에서 건국대 사건, 김근태 고문사건, 권인숙 성고문 사건, 평화의댐 사건, 유성환 의원 통일국시 발언과 구속 파문, 박종철 고문치사 사건 등 역사에 남을 무수한 사건들이 벌어졌다.

1986년 말에서 1987년 초 한국정치사의 운명을 좌우하던 시기, 미국 동아시아태평양차관보 시거가 분주히 한국을 오가기 시작했다. 시거의 한국행이 무엇을 의미하는지에 대해 우리는 정확히 알 수 없었다. 그러나 그것이 한국에 대한 미국의 영향력을 우회적으로 감지할 수 있는 잣대임은 분명했다. 당시 미국은 양김씨와 같은 전투적인 야당 지도자를 배제하고 군부를 중심으로 하여 민간 정치인 일부를 포섭하고 내각제 개헌을 추진하려 했다. 이것이 이른바 1986년 말의 '이민우 구상'이었고, 야권의 실세였던 양김씨가 이를 거부하면서 통일민주당이 창당된다. 그리고 마침내 통일민주당과 재야가 결합한 '호헌 철폐 및 민주헌법쟁취를 위한 국민운동본부'라는 범국민연합전선이 결성된다. 상황은 1987년 4월 13일에 선언한 전두환 정권의 현행 헌법에 의한 정권 교체, 즉 호헌(현행 헌법에 따르면 대통령 선거는 간선으로 치러진다)과 직선제로 대통령을 뽑아야 한다는 개헌론으로 맞서 있었다. '호헌-개헌'을 둘러싼 운명의 격전은 5월 18일 천주교정의구현사제단의 박종철 고문치사 사건이 조작되었다는 발표와 6월 10일 1차 국민대회를 거쳐 6월 18, 19일 운명의 순간으로 치닫고 있었다.

6월 18일(또는 19일) 필자는 학교에 있었고 어느 기자로부터 수도권 인근 부대가 출동하고 있으니 조심하라는 내용의 제보를 받았다. 비슷한 제보와 정보가 잇달으면서 군부대 출동은 점차 기정사실이 되었다. 훗날 안 이야기지만 이 무렵 당시 서대협(서울지역대학생대표자협의회의 준말, 전대협의 전신으로 서울 지역 총학생회장들의 모임) 지도부는 군부가 출동하더라도 끝까지 싸우기로 결심했다고 한다. 아마도 모두가 그랬을 것이다. 1980년 선배들이 서울역에서 회군했던 안타까운 과거를 수도 없이 전해 듣고 그 후 광주에서 무슨 일이 벌어졌는지를 생생히 기억하고 있는 우리들에게 군부는 언젠가는 맞서야 할 대상이었다.

1980년과 1987년은 여러 면에서 달랐다. 1980년에는 광주만이 고립되어 있었고 서울의 시위대오는 군부 출동이 두려워 스스로 후퇴했었지만 1987년에는 전국적인 시위가 벌어지고 있었고 이들은 군부와 맞서 싸울 의지로 가득 찼던 신념과 확신에 찬 대오였다. 실제로 군대가 출동했다면 광주와는 비교조차 할 수 없는 심각한 희생을 치렀을 것이다. 하지만 어쩌면 이 나라의 민주주의는 보다 근본적인 방향으로 길을 틀었을 것이다. 1980년과 1987년의 이러한 차이가 미국의 후퇴를 강요했다. 미국은 강경 군부를 중심으로 하고 민간 정치인 일부를 들러리로 내세우는 정책에서 강경 군부와 보수적인 민간 정치인을 결합한 새로운 형태의 권력 구상을 구체화했다. 이것이 이른바 6.29선언

(대통령 직선제를 비롯한 몇 가지 민주화 조치)이다.

1980년 광주를 교훈으로 하여 군부에 대한 마음가짐은 어느 정도 준비되어 있었지만 미국의 기민한 전략 수정에 대해서는 준비가 없었다. 그런 면에서 우리는 어쩔 수 없는 대학생이었다. 선두에서 싸울 수는 있지만 숱한 우여곡절을 뚫고 최종 승리를 얻기에는 턱없이 부족했다. 제3세계의 친미정권을 쥐락펴락했던 미국의 정치공작은 기민하고 능수능란했다. 1987년 12월, 대통령 선거가 노태우 후보의 당선으로 끝나면서 필자는 미국의 위력을 새삼스럽게 실감했다.

극적이었던 2002년 대선

2002년 대선은 여러 면에서 1987년 대선 만큼이나 심각했다. 2001년 1월 집권한 부시 행정부는 북을 이란, 이라크와 함께 '악의 축'이라 지칭하며 압박하고 있었고, 2002년 초반까지 각종 여론조사에서는 이회창 후보의 압도적인 우세가 계속되었다. 2002년 대선에서 이회창 후보가 승리한다면 '부시-고이즈미-이회창'으로 이어지는 강경 한미일 동맹과 북이 충돌하면서 한반도는 끔찍한 상황으로 빨려 들어갈 가능성이 컸다. 그러나 2002년 봄, 상황은 극적인 방향으로 반전되기 시작했다. 부시 행정부와 '악의 축' 발언에 대한 저항과 규탄이 계속되었지만 아직은 진보진영만의 미풍이었을 무렵 솔트레이크시티에서 벌어진 동계올림픽에서 미국의 안톤 오노가 김동성의 금메달을 교묘한 술수로 가로챈 사건이 벌어졌다. 우연한 사건은 도도히 흐르는 필연의 흐름과 만나 역사에 족적을 남기는 법, 미국의 일방주의에 대한 반감을 젖줄로 한 국민들의 반미감정이 김동성 사건을 계기로 분출되기 시작했다.

그리고 월드컵. 축구대표팀의 선전과 함께 숨겨졌던 대한민국 국민의 집단적 열정이 폭발하기 시작했다. 수십만, 수백만의 군중이 모인 거리응원전은 질서정연하면서도 역동적인 대집단 군무群舞를 보는 듯 아름다웠다. 누가 한국인의 정서를 한이라 했는가. 오방진 가락에 실린 '대한민국'이라는 신명나는 박자, 윤도현의 노랫가락에 실린 경쾌한 리듬의 애국가는 한과 설움보다는 승리와 낙관 같은 진취적인 정서와 어울렸다. 월드컵 무대를 배경으로 하여 기발한 아이디어와 군중적 창의성이 남김없이 발휘되었다. 안정환은 미국전에서 동점골을 넣은 후 골 모서리에서 안톤 오노 세리모니를 선보이며 미국을 농락했고, 한국과 이탈리아전에서 붉은 악마는 'again 1966'을 펼쳐 보였다. 북이 이탈리아를 꺾고 아시아 최초로 8강에 오른 1966년을 기억하자는 이 기막힌 연출은 이전 같으면 국가보안법으로 처벌받을 만한 위험한 행위였다. 도대체 누가 적이고 누가 아군인가. 부시 행정부가 '악의 축'으로 지목한 북에 대해 한국 국민들은 'again 1966'을 외치며 동질감을 드러냈고 정작 미국에 대해서는 공개적인 자리에서 면박을 주고 있었다.

한국과 미국 간의 축구시합이 벌어지던 6월 13일, 하교하던 여중생 신효순·심미선 양이 미군 장갑차에 의해 희생되었다. 사건의 정황을 보면 과실치사였다. 정상적인 관계라면 합리적인 선에서 처리하고 넘어갈 수도 있는 사안이었다. 그러나 한국 국민의 존엄과 자존감은 높아진 반면 한미관계는 정상적이지 않았다. 이 괴리를 한국 국민은 용납하지 않았다. 하지만 의정부 2사단 등지에서 거세게 벌어진 숱한 시위와 항의에도 미국의 자세는 바뀌지 않았고, 11월 미군으로 구성된 재판부는 미군 병사들에게 무죄를 선고했다. 그리고 재판부의 무죄선고를 계기로 민심이 대폭발하기 시작했다. 때맞춰 '앙마'라는 네티즌이 촛불시위를 제안했고 이 제안에 맞춰 거대한 촛불시위가 대통령 선거전 전야를 휩쓸었다. 이 민심의 향방이 대통령 선거전을 갈랐다. 도저히 뒤집힐 것 같지 않던 이회창 후보의 우세는 결국 노무현 후보의 승리로 끝났고 민주노동당의 권영길 후보는 100만 표에 가까운 대약진을 거두었다.

촛불시위에 참여했던 사람들은 자신들의 촛불시위가 국제정치, 한반도 정치역학에서 어떤 역할을 했는지 알고 있을까? 이라크를 침공하려던 미국의 계획은 2002년 하반기 UN 안전보장이사회에서 프랑스의 격렬한 반대에 부딪혔고, 이로 인해 미국은 UN을 무시한 채 영국, 스페인 등과 함께 이라크 침공을 강행할 수밖에 없었다. 이라크를 공격하기 위해 미국은 북과 이란에 압박을 가하기 시작했는데 이는 북으로부터의 영변 핵시설 재가동과 NPT(핵확산금지조약) 탈퇴라는 고강도 반격을 불러왔다. 결국 미국은 핵이 없다고 강변하는 이라크는 공격하고 NPT를 탈퇴한 북에 대해서는 대화(2003년 4월 3자회담을 거쳐 8월부터 6자회담으로 이어졌다)하는 모순된 정책을 취할 수밖에 없었다. 이러한 때에 벌어진 '월드컵-촛불시위-노무현 후보 당선'으로 이어진 대담한 행동전은 미국의 대한반도 구상에 심각한 타격을 줄 수밖에 없었다.

1987년과 2002년은 어떻게 다른가

필자는 1985~87년 미국이 한반도에 대해 갖고 있는 영향력을 실감했다. 미국은 한국군의 군사작전지휘권을 쥐고 있었고, 이를 무기로 군부정권을 들어앉혔으며 한국 정정을 좌지우지했다. 연인원 500만 명이 넘는 대항쟁을 치르고서야 직선제를 얻어낼 수 있었지만 결국 대통령 선거에서는 군부에 대통령 자리를 내주고 말았다.

1985~87년을 거치며 필자가 한미관계에 대해 갖고 있던 모습은 대체로 이러했다. 첫째, 한국은 미국의 절대적인 영향력 아래에 있고 미국의 손아귀를 좀처럼 벗어날 수 없을 것이다. 둘째, 한국에서의 직선제 선거란 친미 후보를 당선시키기 위한 요식행위에 지나지 않으며 6월항쟁과 같은 범국민적 항쟁을 통해서만 진정한 민주주의가 가능하다. 전자와 같은 생각 때문에 필자와 필자의 동료들은 시쳇말로 한국을 우습게 보는 경향이 있었다. 우리는 의식적으로 과거 독립군들이 부르던 노래들을 즐겨 불렀고 미국과의 한판 승부를 열망하고 있었다. 아마도 과거 독립군들의 심정이 그랬으리라. 이들이 일제에 나라를 빼앗긴 조선, 대한제국에 무슨 미련이 있었겠는가. 일제의 '마름'에 불과한 친일파, 밀정이 아니라 일본 천황, 조선총독부와의 최후 결전이 이들의 가슴을 채우고 있었을 것이다.

그런데 2002년 '월드컵-촛불시위-노무현 후보 당선'을 만들어낸 대중의 정서는 15년 전에 필자가 가지고 있던 정서와는 달랐다. 이들은 느릿느릿 맥이 없는 안익태의 애국가에 윤도현의 노랫가락을 실어 새로운 활력과 생기를 불어넣었고, 박영효가 급작스럽게 만든 태극기를 자랑스럽게 휘감으며 신세대의 미감을 선보였다. 1980년대 중반, 386세대들이 힘없는 대한민국을 절규하며 절대적 실권자 미국과 맞서 싸우려 했다면 2002년의 대중은 한미관계의 수평적 발전을 요구하며 미국의 대한반도 구상에 일격을 가했다. 그리고 그 무기는 다름 아닌 광장과 직선제였다. 1987년에는 마지막 순간까지도 광화문에 들어서 지 못했다. 1987년의 직선제는 6월항쟁의 승리를 군부에 다시 헌납한 미국의 정치공작과 관련되어 있었다. 그러나 2002년에 대중은 광화문 의 거리를 만끽했고 대통령 직선제를 무기로 친미보수의 아성을 허물 었다.

누가 옳았는가. 1987년에는 1980년대 중반의 역사적 과제에 충실했 던 것이고, 2002년의 대중은 6월항쟁의 성과를 딛고서 2002년 새롭게 제기된 과제에 충실했다. 15년의 시간만큼 우리가 성장한 것이다. 그 리고 거기에는 청운의 꿈을 접고 거리에서 싸웠던 386세대들의 피와 땀이 들어 있다. 아쉬웠던 것은 필자가 역사가 발전한 만큼 대중과 함께 전 진하기보다는 15년 전의 인식에 묶여 역사와 함께 발전했던 '광장'과 '직선제' 의 의미를 경시한 점이다.

2008년 촛불시위에 이르면 상황은 보다 명료해진다. 왜 촛불시위는 반미시위로 발전하지 않았는가. 그것은 또 다른 시간의 흐름만큼 미국 에 의해 그리고 미국과 함께 성장한 토착 보수엘리트 집단이 두텁게 형 성되었고 이에 저항하는 우리들 자신의 힘도 그만큼 성장했기 때문이 다. 우리는 미국에 의해 절대적으로 좌우되는 한국이 아니며 친미적이지만 충분 히 성장한 친미보수 엘리트 체제에 대해 고민해야 하고 고난에 찬 반미·반독재 투쟁에서 획득했던 무기를 새로운 차원에서 발전시킬 전망에 도전해야 한다.

20년간의 통일운동

1996년 연세대 사건

1996년 연세대 사건(연대사건, 연대항쟁)을 계기로 한국의 대학생운동은 몰락의 길을 걷기 시작한다. 당시 범민련 남측본부 사무처장으로 사건의 전 과정에 관여했던 나는 이 평가에 동의한다. 아직도 많은 학생들이 연세대 사건에 대해 언급 자체를 꺼리는 경향이 있지만 지나간 과거는 그것대로 냉정히 평가할 필요가 있다. 무엇이 문제였을까?

당시 전대협, 한총련이 통일운동을 벌인 것 자체를 문제 삼는다면 이에 동의할 수 없다. 연대사건 수준의 격전은 1991년, 1992년, 1994년 등 거의 매년 8월 15일을 기해 서울의 주요 대학을 무대로 벌어져왔었다. 1991년, 전대협 5기는 원천봉쇄되었던 경희대를 힘으로 돌파해 대회를 치루었고, 1992년에는 중앙대에 경찰이 난입하여 학교의 주요 건물을 쑥대밭으로 만들었다. 1994년에는 8월 14일 행사장인 서울대에 경찰력이 투입되어 아찔한 혈투가 벌어졌고 다음날에는 헬기를 동원해 최루액을 살포하는 전대미문의 탄압이 벌어졌었다.

1996년 연대사건은 학생들의 관점에서는 1991~95년의 통일운동의 연장선 아래에 있었다. 근본적으로 달랐던 것은 김영삼 정부의 탄압이었는데 당시 김영삼 정부는 전시에나 있을 법한 초강경 대응을 통해 연대를 완전히 진압했다. 이런 수준의 탄압을 예상하는 것은 당시 운동수준으로는 무리다. 따라서 연대사건에 대한 과도한 비판은 공정하다고 볼 수 없다. 오히려 1990년대 통일운동은 사람들을 단련시키고 훈련시키는 유효한 투쟁공간이었다. 주류 운동진영에 신념에 찬 통일운동가들이 많은 것은 1990년대 고난에 찬 통일운동을 빼놓고는 생각할 수 없다. 또 1996년 연대사건 당시의 대응으로만 보면 4기 한총련 지도부의 유효한 전술운용이 피해를 최소화했다고 볼 수 있다.

한총련의 몰락은 연대사건 때문이라기보다는 이에 대한 적절한 자기반성이 이뤄지지 않은 채 무모한 투쟁이 지속된 1997년 이후와 관련이 있다. 연대사건은 당시의 정세, 전술운용 같은 미시적인 관점보다는 1990년대 초중반 한국사회의 변화 같은 보다 거시적인 맥락에서 평가해볼 필요가 있다.

첫째, 민주화운동과의 관련성에서 평가해볼 수 있다.

한국의 학생운동이 비약적으로 성장할 수 있었던 것은 1984~87년 학생운동의 활성기와 1987년 6월항쟁의 승리가 맞아 떨어졌기 때문이다. 1987년 12월 직선제로 노태우 정부가 출범하고 1993년 김영삼 정부가 출범했지만 노태우 정부와 김영삼 정부는 참다운 민선정부라기보다는 군사정부의 연속이라는 성격이 강했다. 그랬기 때문에 위장된 민선정부 아래에서의 반독재 투쟁은 여전히 대중적인 공감대를 갖고 있었고 이를 배경으로 전대협과 한총련은 영향력을 유지할 수 있었다.

반독재 투쟁의 위세는 대체로 1995년 하반기 전두환·노태우 구속 투쟁을 고비로 꺾이기 시작하지만 1988년 노태우 정부 출범과 1993년 김영삼 정부 출범 이후 반독재 민주화라는 과제가 대중적 공감대로부터 멀어지는 조짐을 보였다. 1986~89년 3저호황, 1988년 서울올림픽을 계기로 한국사회는 크게 변화했고, 1993년 출범한 김영삼 정부는 노골적으로 개방화, 시장화 등 신자유주의 세계화에 편승했다. 사회문화적으로도 주식투자, 마이카 등 소비열풍이 불었으며 1992년에는 서태지로 대변되는 새로운 문화가 출현하고 인터넷이 보급된다.

결국 1990년대 초중반, 학생들의 통일운동의 진정한 동력은 통일에 대한 열정에 있었다기보다는 1987년 6월항쟁에 기초한 강력한 반독재 투쟁에 있었다. 반독재 투쟁이라는 동력이 유지되었기 때문에 다소 생경한(?) 통일구호도 용인되는 구조였던 것이다. 그런데 1995년을 정점으로 하여 민주화투쟁 동력은 소진되었고 새로이 부상하는 신자유주의에 대한 대중적 저항감은 미처 형성되지 않았다. 반독재 투쟁의 동력이 소진된 상황에서 학생들이 벌이는 통일운동은 국민적 공감대를 얻기 어려웠다. 이 간극을 비집고 김영삼 정부의 무단적인 탄압이 효과를 발휘한 것이다.

그만큼 국민들의 공감대는 운동의 성패를 좌우하는 중요한 요소다. 1986년 건대사건 당시 학생들의 거친 주장이 용인될 수 있었던 것은 그것이 반전두환 투쟁과 강한 연관을 갖고 있었기 때문이다. 반면 1996년 연대사건 당시 학생들이 그렇게 철저히 고립된 것은 반독재 투쟁과의 연관 고리가 끊어진 상태였기 때문이다.

둘째, 통일을 둘러싼 역관계의 차이에서 평가해볼 수 있다.

통일정세로만 보면 1990년대 중반은 명백한 후퇴기였다. 냉전 해체 이후 미국의 주도권은 더욱 견고해졌다. 1990년 조일 3당 선언[4]과 국교 정상화 협상, 1991년 남북기본합의서는 미국의 방해로 무산되었고 1994년 10월의 북미 제네바 합의는 11월 초 미 공화당의 압승으로 불과 보름을 넘기지 못했다. 북한은 1994년부터 '고난의 행군'으로 접어들었고 미국은 동아시아에 10만 명의 미군을 주둔시키며 미일 군사동맹을 새로운 차원에서 강화한다는 이른바 '나이 이니셔티브'를 구체화했다.[5]

이런 상황이라면 통일은 현실의 목표라기보다는 중장기적인 과제라고 할 수 있다. 1995년, 통일원년이라 하며 통일의 정당성을 강조하는 것과 냉정하게 현실을 인식하는 것은 구분되어야 한다. 그러나 학생들은 이러한 국제정세의 변화를 잘 이해하지 못했다. 덕분에 당장이라도 통일이 될 것 같은 조바심 또는 결벽에 가까운 정면돌파 전술이 함부로 구사되었다. 여기에 한국사회의 변화를 차분히 성찰하고 학생 대중의 참여와 국민적 공감대를 이끌어내려는 노력 대신에 경직된 투쟁제일주의, 소아병적인 원칙제일주의가 횡행했다.

1996~98년의 위기는 김대중 정권이 출범하고 1999년 전국연합(민주주의민족통일전국연합)이 범민련과 한총련 노선에 공감하면서 새로운 전기를 맞는 듯했다. 그러나 1999년 8.15대회가 지루한 논쟁 끝에 간

---

4   북의 조선노동당과 일본의 자민당, 사회당 사이의 3당 선언으로 북과 일본의 국교 수립에 합의했다.

5   당시 국방부 차관보였던 조셉 나이의 동아시아태평양 구상을 말한다.

신히 성사되었던 것처럼 학생운동과 통일운동 진영 전체의 정치력과 대對국민적 영향력은 일천했다. 운동역량이 제대로 준비되어 있지 않으면 역사적 사변이 벌어져도 이에 제대로 대응하지 못하는 법이다. 1997~99년 시기에 제대로 된 성찰이 없었던 탓에 2000년 6.15선언, 북미 공방, 촛불시위, 탄핵공방과 같은 역사적인 사건이 줄을 이었어도 통일운동 진영은 제대로 된 대응을 하지 못했다. 보다 정확히 말하자면 김대중-노무현 정권 10년의 열려진 공간에서 1999년 수준의 답보한 인식과 실천이 되풀이되면서 통일운동은 퇴보하거나 대중으로부터 멀어졌다.

김명철·한호석 류의 불행한 유산

1998년 이후 김명철·한호석 류의 북미대결론이 주류 운동진영을 석권했다. 이를 간략하게 요약하면, 1994년 북미 제네바 합의에서 미국은 북이 3년 안에 망할 것이라고 판단하여 2003년을 기한으로 해서 200만 킬로와트 경수로를 지어주기로 했는데, 북이 망하기는커녕 건재할 것이기 때문에 미국은 약속을 지킬 수 없게 되고 이에 따라 북의 핵개발을 용인하거나 북의 요구를 들어줄 수밖에 없는 양단의 선택에 몰린다, 이 결과 2003년 주한미군이 철수하고 한반도에 대사변이 온다는 내용이다.

김명철·한호석 류의 분석은 주류 제도권과 일부 운동진영, 시민운동 진영의 조악한 북 붕괴론, 선先핵포기론에 비해 탁월한 관점을 갖고 있었다. 그럼에도 불구하고 몇 가지 점에서 치명적인 약점을 가지고 있었다.

첫째, 정세를 지나치게 합리적으로 바라본 점이다.

부시 행정부가 합리적인 선택을 했다면 김명철 씨와 한호석 씨의 분석대로 북미 간의 대타협이 가능했을 것이다. 그러나 부시 8년간의 무모한 강경책이 오바마 행정부에게 북·이란발 핵확산 가능성이라는 파국적인 결과를 안겨주었다. 아마도 향후 미국은 8년의 시간만큼 심각한 대가를 치를 것이다. 그러나 남과 북 또한 부시 행정부 8년간 귀중한 시간을 허비하고 말았다. 이것이 역사이고 정치다. 역사와 정치는 합리적인 세계라기보다는 인간의 탐욕과 집착이 더 많이 작동하는 무지와 비합리의 세계인 듯하다.

둘째, 북미관계와 주변 역관계를 지나치게 과신한 점이다.

미국은 2006년 10월 핵실험 이후에도 북미 간 대타협을 이러저러한 이유를 들어 지연시켰다. 미국의 입장에서 보면 북핵은 화급을 다투는 치명적인 현안임에도 상황을 지연시킬 수 있는 다양한 카드를 보유하고 있지만, 북은 필살의 무기 한 방을 보유하고 있긴 해도 이를 관철시킬 다른 카드는 갖고 있지 못했다. 덕분에 전체적인 양상을 볼 때, 지루한 협상 끝에 북미가 극적으로 충돌하면 대체로 북이 원하는 방향으로 협상이 타결되지만 미국은 곧 협상의 결과를 흐리고 또 다른 난관을 조성하며 시간을 지연시키는 과정이 반복되었다. 이 시간의 지연은 대단히 중요했다. 북미 타협이 지연됨으로 인해 북미 협상의 결과가 남의 정치지형을 바꾸는 것이 아니라 거꾸로 신자유주의 양극화의 폐해가 한반도 통일의 성과를 위협하고 말았기 때문이다.

신자유주의의 폐해와 통일정세의 좌초

1990~99년의 통일운동은 남측 정부는 배제된 채 남북 사이의 연대연합이 중심이었지만 2000년 6.15공동선언을 계기로 하여 통일운동의 중심이 남북의 정부급으로 이동했다. 김대중-노무현 정부가 남북관계 개선에 나서면서 통일의 중심은 '냉전수구 세력 대 화해협력 세력'의 대결을 중심으로 진행되었다.

2001년 1월 부시 행정부 출범, 2001년 8월 강정구 교수 사건[6]과 9월 3일 임동원 통일부 장관 해임으로 촉발된 냉전수구 세력의 1차 반격은 2002년 '월드컵-촛불시위-노무현 후보의 당선'으로 끝났다. 냉전수구 세력의 2차 도발은 2003년 노무현 정권 출범 직후인 3월 1일 보수세력의 대규모 거리시위에서 시작되었다. 그러나 2004년 3월 노무현 대통령에 대한 탄핵이 대대적인 역풍을 불러와 4.15총선에서 열린우리당과 민주노동당이 대약진했다. 그러나 냉전수구 세력과 화해협력 세력 사이의 1~2차 대결에서 간과해서는 안 될 요점은 경제적 배경이다.

2000년 3월 미국의 나스닥을 시작으로 미 주식시장이 폭락하자

6　북을 방문한 강정구 동국대 교수가 만경대 생가 방명록에 "만경대 정신 이어받아 조국통일 앞당기자"라고 쓴 사건을 말한다, 당시 보수언론은 이를 빌미로 2001년 8.15 행사 전체를 문제 삼았다. 그리고 이 연장선에서 9월 3일 임동원 장관이 해임된다. 그러나 내막은 정반대일 가능성이 크다. 즉 '강정구 교수 사건-이를 승인한 통일부 장관 임동원의 해임'이 아니라 2002년 대선을 앞둔 보수세력이 대권 탈환에 장애가 되는 남북관계 개선을 막기 위해 임동원 장관에 초점을 맞추어 이를 위한 도구로 강정구 교수 사건을 인위적으로 부풀렸을 가능성이 크다.

2001년 한국의 수출은 전년 대비 12.7퍼센트 감소한다(2000년 수출 1723억 달러, 2001년 수출 1504억 달러, 이 중 IT 제품으로 한정하면 631억 달러에서 485억 달러로 감소했다). 이로 인해 2001년 GDP 성장률은 3.8퍼센트로 주저앉았다. 복지체제가 갖춰지지 않은 조건에 3.8퍼센트 성장률은 위험하다. 2002년 6월 월드컵, 12월 대선을 눈앞에 둔 김대중 정부는 무너진 수출 대신 내수를 인위적으로 부양하기 시작한다. 2000년 말 266조 원이던 가계신용은 2002년 말 439조 원으로 불과 2년 사이에 173조 원이 늘어났고, 카드 열풍이 전 국민을 휩쓸었다. 이를 배경으로 2002년 부동산 광풍이 강남 아파트를 강타했다. 냉정하게 말한다면 2002년 월드컵과 대선은 173조 원이라는 빚더미 위에서 치러진 잔치였다.

2002년 하반기 정부가 가계신용을 조이면서 내수가 붕괴하기 시작했다. 2003~05년 민간소비는 각각 마이너스 1.2퍼센트, 마이너스 0.3퍼센트, 3.6퍼센트로 축소되었고, 2003년 취업자는 전년 대비 3만 1000명이 감소하였다. 이 이후 서민경제는 살아나지 못했다. 거품의 붕괴와 파열, 사회적 양극화는 신자유주의의 폐해가 본격화된 2003년 이후 서민대중을 엄습했다. 냉전수구 세력의 조악한 저항인 탄핵사태는 진보와 보수를 막론하고 초보적인 민주주의에 대한 강한 신념이 내면화되어 있음을 보여줌과 동시에 신자유주의의 폐해를 잠시 잊게 한 일종의 앰플 주사였다.

2004년 4.15총선의 여세를 몰아 국가보안법을 비롯해 4대 악법을 폐지하라는 단식농성이 국회 앞을 수놓던 바로 그 시각, 생계를 위협받게 된 전국의 음식점 업주들의 솥단지 시위(11월 2일)가 여의도에서 벌어졌다. 국민들은 열린우리당이 주도한 4대 악법 개폐투쟁에 대체로 냉담했다. 여전히 냉전의 잔재에 묶여 있던 탓도 있지만 무엇보다 경제상황의 악화가 발목을 잡았다. 민간소비의 붕괴는 본격적으로 신자유주의의 폐해가 한국사회를 장악하기 시작했음을 알린 위험한 징후였다. 4대 악법 폐지가 중요하기는 했지만 경제의 심각성을 바로 봐야 했다. 2005년 이후 탄핵을 주도했던 냉전수구 세력은 국가보안법 개폐투쟁을 주도했던 열린우리당에 연전연승하며 상황을 주도했고 2007년 대선에서 정권을 탈환하고 말았다.

20년간의 뒷걸음질

1990년대 통일운동은 1980년대 중후반 민주화운동의 정점기에 형성된 이론적 기반 위에서 진행되었다. 1980년대 중후반 주류 운동진영은 통일운동을 반미자주와 밀착된 하나의 과정으로 이해했고 그 정점에 미국의 군사적 패권이 자리하고 있었다. 따라서 통일운동은 반독재민주화 운동을 완성하는 투쟁이자 개개의 운동가가 운동을 하는 근본 동기와 신념의 원천이었다. 연세대에서 4기 한총련 지도부가 무모하리만큼 원칙을 강조했던 것(예를 들어 대회장소로 연세대를 끝까지 고수했던 태도), 김명철·한호석 류의 정세 인식에 대한 환호(?), 새로운 사조와 경향을 배타시하는 경직성 등은 1990년대 통일운동이 갖고 있었던 특수한 성격을 잘 보여준다. 그것은 과학에 기초한 운동이라기보다는 광주항쟁에서 배태된 386대학생들의 비장한 신념에 뿌리를 두고 있었다. 1990년대 이후 통일운동을 주도했던 전투적인 386세대들의 통일관 자체가 1985~86년에 형성된 것이고 현재 통일운동을 하는 학생들이 386세대의 몸짓과 언어를 20년의 시차를 두고 그대로 모방하고 있는 것도 이런 이유 때문이다. 그러나 1980년대 중후반을 계기로 민주화 국면이 마무리되고 신자유주의가 전면화하는 양상이었다.

한반도의 평화 정착과 남북관계 개선, 통일운동 또한 나름의 지위와 역할을 갖고 있지만 미국의 군사적 패권을 의제로 하여 국민들을 설득하는 것은 불가능했다. 사람들은 한반도의 평화 정착과 통일에 동의하지만 그것이 정권의 향배를 가를 만한 핵심 문제라고 생각하지 않았다. 사람들에게 중요했던 것은 시간이 갈수록 뼛속을 파고드는 신자유주의의 폐해였다. 이것이 통일정세의 발전이 신자유주의의 폐해를 넘을 수 없었던 이유다.

상황을 악화시켰던 것은 1990년대 고난에 찬 통일운동 과정을 이겨낸 주류 운동진영이 1998년 김대중 정부 출범, 2000년 6.15공동선언 이후 조성된 유리한 정세에서도 변화된 시대상을 과학적으로 이해하고 적극적으로 변화하려는 노력을 경시한 점이다. 그 시간 동안 경천동지할 사건이 연이어 벌어졌고 그 시간의 지체만큼 주류 운동진영은 조용히 주변부로 밀려나고 있었다. 그 상징적인 사건이 민주노동당의 분당과 촛불시위 그리고 미네르바 현상이다.

경제적 종속성을 어떻게 봐야 하는가

묵시록(?)과 같은 담론들이 진보진영을 지배할 때가 있다. 1995년 통일원년이나 2003년 북미대결론 등이 통일운동 진영을 석권했던 유명한 담론들이다. 이런 묵시록적 담론을 무조건 부정적으로 볼 이유는 없다. 운동이란 현실에 대한 과학적 분석과 함께 영적 신념을 자극하는 뚜렷한 목표와 세계관이 결합되어야 한다. 그런 면에서 운동진영이 많이 갖고 있는 묵시록적인 담론은 진보진영의 장점이라고 볼 수도 있다.

필자가 대학에 입학할 당시에는 미국패망론, 1987년 경제파국론이 대학가를 지배하고 있었다. 미국패망론은 레이건 행정부의 대소강경책, 쌍둥이적자가 결국에는 미국을 패망으로 몰아갈 것이라는 주장이었고, 1987년 경제파국론은 1970년대 급격히 불어난 차관 때문에 한국경제가 파산할 것이라는 분석이었다.

미국패망론

미국패망론은 1991년 소련이 망하고 냉전이 붕괴되는 과정에서 진보진영의 시야에서 멀어졌다. 당시 진보진영은 은연 중 소련에 대해 우호적이었기 때문에 소련 붕괴의 충격이 적지 않았다. 덕분에 많은 사람들이 운동 일선에서 이탈하거나 전통적인 사회주의 이론 대신 포스트모더니즘과 같은 이색적인 조류에 탐닉했다.

1950~60년대 독일과 일본이 제조업을 중심으로 미국을 추격했지만, 이후 미국은 레이건이 추진한 신자유주의 정책을 통해 금융을 중심으로 패권을 되찾았다(물론 이후 버블을 확대재생산하는 과정으로 판명이 났지만). 실제로 1990년대 이후 미국은 연 3~4퍼센트의 고도성장을 하지만 독일은 통일의 영향, 일본은 버블 붕괴로 성장률이 정체되어 세계 경제의 주도권이 다시금 미국으로 넘어간다. 미국패망론 이후 미국 경제에 대해 제대로 공부하지 않았던 내게 이병천 교수의 다음과 같은 평가는 놀라운 것이었다.

"많은 사람들이 1980년대 미국의 쌍둥이적자를 미국 패권 몰락의 기본 지표와 같은 것으로 거론했는데, 정작 우리가 관심을 기울여야 할 것은 미국이 금융세계화와 글로벌 신자유주의 체제라는 호랑이의 등 위에 올라타 세계의 잉여자금을 일방적으로 흡수하고 달러 특권을 적절히 운용하여 1980년대에 경기를 회복하면서 신자유주의적 성장체제를 구축해나갔고, 대외적으로는 미국 패권의 위기에 대응해나갈 수 있었다는 사실이다." (강신준 외 지음, 전창환·조영철 엮음, '세계 자본주의 패권 모델로서의 미국 경제', 《미국식 자본주의와 사회민주적 대안》, 당대, 2001)

한국경제 파국론

한국경제 파국론도 맞지 않았다. 맞기는커녕 1986~89년은 3저호황으로 만년 경상수지 적자국 한국이 엄청난 규모의 경상수지 흑자(1985년 47억 달러, 1986년 101억 달러, 1987년 145억 달러, 1988년 53억 달러)를 만들어내며 새롭게 도약한 시기로 볼 수 있다. 1987년 6월항쟁이 6.29선언과 같은 온건한 개혁으로 끝난 것도 이 때문이다. 무엇이 문제였을까? 그리고 1987년의 경제파국론을 현재 시점에서 되돌아보면 어떤 평가가 가능할까?

운동진영이 한국사회를 분석하는 기본틀은, 한국사회는 종속적이며 기형적이라는 것이다. 가령 1988년경 정식화된 '식민지반자본주의론'이 그렇다. 상당수의 활동가가 '식민지반자본주의론'을 만능의 보검처럼 제멋대로 해석하곤 하기 때문에 먼저 자료에 근거하여 이를 객관적으로 이해할 필요가 있다.

식민지반자본주의론에서 식민성의 징표로 드는 것은 네 가지다. 첫째, 기본 생산수단이 미국을 위시한 외국 독점자본과 매판세력의 수중에 장악되어 있는 점, 둘째, 재생산 과정의 대외의존성, 셋째, 산업구조의 파행성, 넷째, 한국 민중에 대한 가혹한 착취다(이상《민족과 경제》, 대동, 1988). 전체적으로 요약하면 생산수단과 재생산구조가 해외에 의존하고 있기 때문에 한국 내부의 독자적인 발전은 불가능하고 오직 노동자와 농민에 대한 가혹한 착취에 의해서만 경제가 운영될 수 있다는 것이다.

박세길 씨가 1991년에 내놓은《한국경제의 뿌리와 열매》(돌베개)에 따르면 한국에는 독자적인 기술과 브랜드가 없기 때문에 하청 생산을 할 수밖에 없고 독자기술과 브랜드가 없는 한 저임금, 장시간 노동에 의존할 수밖에 없다. 그런데 1987년 노동자 대투쟁으로 임금이 올라가자 한국의 대자본은 독자기술을 개발할 수밖에 없었는데 해외 독점자본은 특허권, 덤핑수출 등을 무기로 한국의 독자기술 개발을 막는다는 것이다. 결론적으로 해외 독점자본에 대한 기술 종속을 끊어내기 위해서는 정치적 자주권이 필요하다고 주장한다. 《민족과 경제》는 "한국에서 재생산 과정에 내부적으로 충당할 수 있는 것이 있다면 그것은 다만 저임금으로 획득할 수 있는 노동력뿐이다. 그렇기 때문에 한국에서의 자본 활동은 기층 민중의 고혈로 외국 독점자본의 식민지 초과이윤을 보장해주는 수단에 불과하다"고 주장한다.

1987년 경제대파국론이 허무하게 끝난 후 새로운 경제적 논리를 구하던 필자에게 박세길 씨의 논리구조는 안성맞춤이었다. 3저호황이라는 객관 현실에 대한 합리적인 설명과 함께 자주적 민주정부를 수립해야 하는 정치적 정당성까지 풍부한 실증자료에 기초해 설명하고 있었기 때문이다. 그러나 결과적으로 박세길 씨와 《민족과 경제》의 주장은 틀렸다. 이 주장의 핵심은 제국주의의 정치적 간섭 때문에 한국에서는 독자기술이 개발될 수 없다고 본 것인데, 한국의 대자본은 2009년 현재 세계 굴지의 대자본으로 성장했고 반도체, LCD, 조선, 핸드폰 등에서 세계 최고 수준의 기술력을 갖고 있다. 그리고 삼성, LG, 현대자동차 등의 브랜드는 세계적인 명성을 갖고 있다. 무엇이 문제였을까?

첫째, 제국주의와 종속국의 관계를 지나치게 단선적으로 이해했다. 앞서 밝혔던 것처럼 한국의 친미 엘리트 집단은 1945년으로 올라갈

수록 미국에 의해 육성된 측면이 강하지만 시간이 흐를수록 독자적인 내부역량을 구비하기에 이른다. 즉 시간이 흐르면서 내부역량을 축적하고 차관과 합작을 통해 얻은 돈과 기술·경영 노하우를 통해 독자기술과 브랜드를 갖추게 된다. 건설·조선·자동차산업을 추진하던 정주영이나 반도체산업에 도전하던 이병철의 결단은 평가해줄 만하다. 물론 이를 과대평가할 필요는 없다. 여전히 한국의 수출은 핵심 기술을 외국에 의존하고 있기 때문이다. 그러나 독자기술과 브랜드가 없기 때문에 전적으로 저임금, 장시간 노동과 같은 가혹한 착취구조에 매달려야 하는 상황이 아님은 분명하다.

2005~08년 상반기 서비스수지 적자 누계 625억 3000만 달러 중 여행수지 적자가 435억 4000만 달러로 전체의 70퍼센트 수준이고 사업서비스와 '특허권 등 사용료수지' 적자가 각각 274억 8000만 달러, 103억 달러로, '특허권 등 사용료수지' 적자는 전체 적자액의 6분의 1 수준이다(〈서비스수지 적자 원인과 대책〉, 한국은행, 2008. 8). 여기서 사업서비스란 법률, 회계, 광고 등을 말하는데 이는 대자본의 글로벌 투자와 수출확대 과정에서 자연스럽게 커지고 있다. 넓게 보면 대외의존적인 경제체질을 반영하고 있지만 전통적인 의미의 기술종속을 의미하는 '특허권 등 사용료수지' 적자와는 차원이 다르다.

둘째, 미소 간의 정치군사적 대립 또는 서방 선진국 내부의 균열과 갈등을 경시한 점이다.

1981년 집권한 레이건 행정부는 대소 강경전략과 감세정책을 결합시켜 미증유의 쌍둥이적자를 만들었다. 이를 시정하기 위해 1985년 9월 플라자합의를 통해 일본의 엔과 독일의 마르크에 대한 인위적인 달러

약세를 추진한다. 이에 따라 1985년 달러당 240엔 수준이던 환율이 1986년에는 150엔에 이른다. 이로 인해 1970년대 차관을 통해 형성된 한국의 유치한 수준의 중화학공업 제품이 일본 제품에 대해 상대적으로 가격경쟁력을 갖게 되었다. 이와 함께 저유가와 저금리가 합쳐져 1986~89년 한국경제는 경상수지 흑자를 기록했다.[7]

식민지반자본주의론에 대한 재검토

식민지반자본주의론은 어떤 역사적 시기의 산물이다. 대개의 사회과학 이론은 특정 시기의 경향과 추세를 일반화하고, 간명한 원리와 규칙을 제공하여 사람들이 해당 시기의 특징을 본질적으로 이해할 수 있도록 도와준다. 그러나 현실은 어떠한 이론보다 비할 바 없이 풍부하며 사회역사 발전은 이론의 틀에 따라 질서 있게 전개되기보다는 우연과 필연, 전진과 후퇴를 반복하며 복잡하게 전개되는 법이다. 그런데 주류 운동진영 다수가 식민지반자본주의론을 마치 시공을 초월한 일반이론처럼 제멋대로 사용하는 경향이 있다.

식민지반자본주의론에서 말하는 식민성이란 한국의 산업구조가 제국주의 본국의 하청경제에 있던 어떤 시기를 배경으로 이를 일반화한 것이다. 예를 들어 제조업에 기초한 1970년대 '제국주의 원청-종속국 하청'과 같은 분업구조가 IMF 이후 '금융 종속-제조업 성장' 사이의

7 　박세길 씨는 《한국경제의 뿌리와 열매》에서 《한국일보》를 인용하여 줄곧 적자수출을 하다가 1986년 수출단가가 제조원가보다 평균 4퍼센트 높은 수준에서 결정되었다고 한다.

관계로 바뀌었다면 그에 맞게 경제이론 자체를 수정(또는 조정)해야 한다. 그런데 원-하청 구조나 금융-제조업 관계나 종속은 마찬가지이므로 여전히 식민지반자본주의론이 유효하다는 따위로 해석하는 것은 사회과학 이론이 갖고 있는 '역사성'을 파괴하는 것이다.

이러한 오류로 인해 외환과 금융이 갖는 중요성을 간과하는 치명적이고 결정적인 실수를 저질렀다. 2008년 금융공황이 실증하듯이 정세는 경제, 특히 외환과 금융 부분을 시작으로 실물경제로 전이되는 양상이다. 반면 주류 운동 진영의 대부분은 제조업 중심의 노동운동, 농민운동에 배치되어 있었고 외환과 금융에 대해서는 무지에 가까웠다. 이로 인해 2008년 10월의 역사적 상황을 무방비 상태로 맞이했던 것이다.

식민지반자본주의론을 시공을 초월한 이론처럼 이해하게 되면 식민성의 핵심 징표 중 하나인 '민중에 대한 가혹한 착취' 부분도 현재 상황을 설명할 수 없다. 식민지반자본주의론에서 말하는 '민중에 대한 가혹한 착취'는 원-하청 관계에서 저임금 노동력 말고는 아무것도 가진 것이 없는 조건, 즉 생산수단과 재생산구조의 종속에서 필연적으로 도출되는 개념이다. 이에 따르면 한국의 노동자는 저임금, 장시간 노동과 병영적 통제에 시달리는 균질화된 제조업 노동자다.[8] 그런데 독자적인 기술과 브랜드를 갖춘 대자본의 경우 상당수의 임금근로자들을 포섭할 수 있는 경제적 여력을 가지고 있고 실제로 현실을 보면 많은 부분 포섭됐다는 걸 알 수 있다. 현재 대자본의 수탈방식은 노동자

---

8 필자가 대학 시절 귀가 닳도록 들었던 노동자의 이미지가 바로 이것이다. 그런데 최근 대기업 노동자들을 만나보면 상당히 다른 이미지라서 놀라곤 한다.

전체에 대한 병영적 통제라기보다는 노동시장의 유연화와 분절화에 따른 정규직의 포섭과 비정규직의 배제와 같은 일종의 이중전략이다.

주류 운동진영의 이론구조가 식민지적 착취라는 과거 개념에 집착해 있기 때문에 저임금, 저곡가와 같이 생산과정에서 비롯된 전통적인 모순구조에 얽매여 있다. 지금은 교육·의료나 국민건강권(친환경 유기농, 광우병 쇠고기 등)과 같이 얼핏 중산층의 요구와 같은 문제들이 역사의 전면에 등장하고 있으며, 주택·사채·주식 등 금융적 폐해가 서민들의 생계를 괴롭히고 있다. 주류 운동진영은 대중의 요구가 확장되고 있고 옳든 그르든 대다수 국민이 주식과 부동산에 탐닉할 때 그와는 동떨어져 금욕적인(?) 태도만을 고집하고 있었다. 바로 이러한 점이 주류 운동진영의 탁월한 강점이었던 대중성을 유실시켰던 주요 원인이다. 그리고 이 근저에는 변화하는 현실에 기초해 운동하기보다는 노선 그 자체에 집착하는 전도된 태도가 내재되어 있다.

돌이켜보면 지식의 편식은 대단히 위험한 결과를 초래한다. 한번은 노동운동에 종사하는 동지와 오랜 기간 토론할 기회가 있었다. 그런데 이 동지는 러시아혁명의 시시콜콜한 사건과 연대까지 자세히 알고 있었다. 반면 15세기 이후 유럽의 역사에 대해서는 무지에 가까울 정도로 잘 몰랐다. 러시아는 15세기 이후 유럽의 부흥과정에서 변방에 해당한다. 영국, 프랑스, 독일 등 주류 역사에 대해서는 잘 모르고 러시아혁명에 대해서는 줄줄 외우고 있는 사람이 세상을 온전하게 볼 수는 없을 것이다.

따지고 보면 나 또한 비슷하다. 반미운동, 통일운동을 하는 과정에서 제3세계 운동사, 북의 현실에 대해서는 세밀한 부분까지 알고 있지

만 영미 등 근현대사를 주도했던 주류 역사에 대한 지식은 상대적으로
적다. 나는 운동하는 사람치고는 잡독을 하는 편이라 그래도 나은 편
이지만 운동진영의 편식은 위험하다. 특히 1990년대 이후 운동진영에
서 학습하는 풍토가 사라지면서 상황이 심각하다.

한국사회를 질적으로 바꾼 IMF

IMF 처방에 대한 김대중과 마하티르의 태도

김대중과 마하티르(말레이지아 전 수상)는 여러 점에서 비교가 되는 인물이다. 김대중 대통령이 시종일관 민주주의를 강조하며 민주주의의 보편성을 주장했다면 마하티르 수상은 동양적·이슬람적 가치를 중시하며 서방세계와 일정한 선을 그었다. 양 정상의 차이를 극명하게 보여준 것은 1990년대 후반 동아시아 경제위기에 대한 대처였다. 김대중 대통령이 IMF의 요구를 전격 수용하며 금융자본의 한국 진입을 허용했다면 마하티르는 강력한 자본통제 정책을 통해 IMF와 정반대의 길을 걸었다.[9] 김대중 대통령이 투기자본의 전도사쯤 되는 조지 소

---

[9] 환율을 달러당 3.8링킷으로 고정하고, 주식이나 채권에 투자된 자금은 1년 동안 국경을 벗어날 수 없으며, 해외에 함부로 돈을 송금할 수 없고, 외환 거래는 지정된 거래소에서만 가능하게 한 것 등을 들 수 있다(강상구 지음, '신자유주의의 역사와 진실', 《이론과 실천》).

로스를 환대했다면 마히티르는 조지 소로스를 격렬히 비난하며 날을 세웠다. 누가 옳았을까?

마하티르가 옳았다고 볼 수 있다. 뒤에 서술하겠지만 한국경제가 그나마 개선된 것은 IMF의 고금리·긴축 요구를 부인했기에 가능했고 1999년에는 IMF도 마하티르의 정책이 '틀리지 않았다'(강상구 지음, '신자유주의의 역사와 진실',《이론과실천》)고 인정하기에 이른다.

돌이켜보면 김대중과 마하티르의 논쟁은 서구사회의 모델을 어떻게 수용할 것인가와 관련된 중요한 논쟁이다. 김대중 대통령이 민주주의와 시장경제가 보편적(여기서 보편적이란 서구적이라는 의미)이라며 이것의 수용을 지지했다면, 마하티르는 동양과 이슬람의 독특한 가치를 주장하며 독자노선을 고집했다. 마하티르의 이러한 태도가 1998년에 자본통제와 같은 독특한(?) 노선을 취하여 좋은 결과를 거둘 수 있었던 힘이다. 이러한 사실이 시사하는 바는 일반적으로 다른 나라, 다른 시대의 이론을 차용할 때는 한국사회와의 관련 속에서 주체적인 관점을 가지고 수용해야 한다는 것이다. 한국사회를 보면 주류는 너무 친미적이고 비주류 지식인 중 다수는 너무 유럽적이다.

현실과는 따로 간 IMF의 처방

1998년 당시 IMF는 한국에 대해 고금리·긴축정책을 요구했다. IMF의 요구에 따라 10퍼센트 대였던 금리는 최고 30퍼센트를 기록하며 1998년 상반기 한국 산업계를 강타했다. 이로 인해 "가동률 하락의 단계를 넘어 산업 네트워크 일부가 공동화되는 현상도 보였다. 기업도산과 실업의 증가는 원자재-부품-유통으로 이어지는 산업 네트워크에 집적된 유형, 무형의 시설과 노하우들이 멸실되는 결과를 초래했다." (최봉 지음, 〈산업기반 유실의 실상과 대책〉, 삼성경제연구소, 1998. 9)

IMF의 고금리·긴축정책은 IMF 구제금융을 받은 나라들에게 가해지는 일종의 맞춤형 처방이다. 이는 좋은 의미로는 외자를 유인하고 경상수지 흑자를 유도하여 외환위기를 돌파하기 위한 것이고, 나쁜 의미로는 외국계 금융기관이 빌려준 돈을 안전하게 받아내기 위한 편법이다. 1998년 4월 이후 IMF가 고금리 처방을 완화했는데 이는 동아시아 경제위기가 러시아, 중남미 등으로 파급되고 인도네시아에서는 심각한 정치불안이 야기되어 IMF 처방에 대한 불신이 커졌기 때문이다. 고금리 처방의 완화로 한국경제는 개선되기 시작한다.

이에 대해 삼성경제연구소가 발간한 《외환위기 5년, 한국경제 어떻게 변했나》(2003)에서는 "IMF가 불과 몇 개월도 안 되어 초고금리에서 저금리로 정책 전환을 한 이유는 5월 인도네시아의 폭동 및 수하르토의 하야, 8월 러시아의 모라토리엄이 배경이 되었다는 주장이 설득력 있게 제기되었다. 이 두 나라가 모두 IMF의 프로그램을 받아들여 충실히 시행했는데도 경제가 파탄상태에 이르게 되자 IMF에 대한 국제적인 비난이 대두되었다. 토니 블레어, 빌 클린턴 등 각국 지도자들까지 이에 가세하자 IMF는 이 압력에서 벗어나고자 자신의 '처방(프로그램)'을 받아 경제가 회복된 시범 케이스가 필요했고 그 목적으로 선택된 나라가 한국과 태국이었으며 경기 부양의 정책수단으로 저금리가 선택되었다는 주장이다"라고 쓰고 있다.[10]

실제로 최근 금융위기 과정에서 미국과 서방 선진국들은 경쟁적으로 금리를 낮추고 재정지출을 확대하는 저금리·경기부양책을 쓰고 있다. 미국은 금리를 0퍼센트 대까지 낮추었으며 오바마 행정부는 천문학적인 규모의 경기 부양책을 준비하고 있다. 전체적으로 보면 금융자본에 대한 국가 개입을 통해 금융 시스템의 붕괴를 막고, 산업기반을 유지하며 단기적으로는 급격한 경기 침체를 막는 데 집중되어 있음을 알 수 있다. 그러나 IMF 당시 한국경제에는 이와는 정반대의 처방이 내려졌던 것이다.

휘청거리는 금융자본주의

2008년 9월 15일 미국의 투자은행 리먼 브라더스가 파산하면서 미국은 태풍 속으로 진입했다. 10월 3일 미국의 긴급경제안정화법안(Emergency Economic Stability Act of 2008, EESA)에 기초한 7000억 달러 규모의 부실자산구제프로그램(Troubled Assets Relief Program, TARP)에 따르면 미국의 공적자금은 금융권의 부실자산을 매입하는 데 쓰이는 것으로 되어 있었다. 이는 금융기관의 경영권에 개입하지 않으려는 신자유주의 교리를 배경으로 하고 있었다.

그러나 부실자산을 매입하는 방식으로는 극심한 신용경색을 막아낼 수 없었고, 결국 10월 10일 G7 재무장관 및 중앙은행총재 회의에서

---

10 1997~99년 경제위기 당시 사실상 미국의 이해를 대변하는 IMF의 처방이 실패로 돌아가면서 전 세계적으로 미국식 금융자유화에 대한 회의가 확산된다. 아시아에서는 동아시아 경제통합에 대한 논의가 재점화되고 중남미에서는 1998년 이후 좌파정부가 들어서고 러시아가 탈미적 재부흥의 길을 걷는다.

는 '공적자금 투입으로 은행 등 부실 금융기관에 대한 자본보강과 예금보호 확대를 주요 내용으로 하는 공동성명'(〈G7 공동행동계획 발표와 국제공조〉, 김광수경제연구소, 2008. 10. 3)에 합의했다.[11] 2009년 4월 현재 시점에서는 은행을 국유화해야 한다는 주장이 힘을 얻고 있다. 이는 국가 개입을 부정하고 시장원리를 중시하는 신자유주의의 교리와 배치되는 것이다. 아이러니한 것은 신자유주의의 종주국이라고 할 수 있는 영국이 2008년 2월 노던 록 은행을 국유화한 데 이어 2008년 10월 RBS, 로이즈, TSB, HBOS 등을 국유화하여 이러한 과정을 선도했다.

IMF 이후 신자유주의를 본격 수용했던 한국 정부는 동북아시아 금융허브, 금융의 대형화·겸업화를 주장하며 금융을 새로운 성장동력으로 삼으려는 노력을 계속해왔지만 정작 금융위기가 현실화되자 은행의 안정성을 위해 20조 원 규모의 자본확충펀드를 조성하고 여기에 산업은행, 중소기업은행 등 국책은행을 동원하고 있다. 이명박 정부는 정작 신자유주의의 본국인 미국과 영국이 금융자유화라는 신자유주의의 교리를 포기하면서 사태를 해결하고 있는 상황에서, 한편으로는 자신도 국책은행을 동원하여 자본확충펀드를 조성하면서도, 다른 한편에서는 여전히 금산분리, 금융허브 등 신자유주의의 교리를 읊조리고 있는 것이다.

---

11   은행 건전성의 기준이 되는 BIS 비율은 [자기자본/위험가중자산×100]으로 이 비율이 대체로 10퍼센트를 넘어야 한다. 그런데 공적자금을 분자인 자기자본에 투입할 경우와 분모인 부실자산 매입에 투입할 경우 약 열 배의 차이가 난다. 문제는 전자의 경우 은행의 입장에서는 정부가 경영권에 개입할 가능성이 있고, 정부가 개입해서는 안 된다는 신자유주의 교리를 맹종하는 관료라면 이를 꺼리게 된다.

진보진영의 IMF에 대한 대응과 문제점

IMF 사태에 대한 진보진영의 대응은 혼란과 무지 그 자체였다. 필자 또한 IMF라는 말은 들었어도 IMF 관리체제의 구체적인 양상이나 구제금융 조건 등에 대해서는 전혀 몰랐다. IMF 사태가 워낙 갑작스럽게 벌어진 사건인 만큼 이런 수준의 혼란은 어느 정도 용서될 수도 있다. 문제는 그 이후 실수를 반복하지 않으려는 정당한 노력이 있었는가 하는 점이다.

주류 운동진영은 '외국 독점자본의 침탈과 민족자립경제 수립'이라는 전통적인 방식으로 이에 대응했다. 이에 따르면 외세의 침탈은 '원조-차관-직접투자'라는 단계를 거쳐 최종파산에 이르는데 이를 막기 위해서는 외국자본과 매판자본을 국유화하여 민족자립경제를 수립해야 한다. 그리고 국제경제질서가 '자본주의-사회주의-제3세계'로 나뉜 조건에서 사회주의 경제와 제3세계 경제가 호혜협력하는 국제경제 구조를 만들어 민족자립경제에 필요한 대외적 환경을 만들어낼 수 있다고 봤다.

이와 같은 전통적인 관점에서 금융 부문은 부차적이거나 아예 거론조차 되지 않았고, 사회주의 몰락이라는 국제 환경은 누락되어 있었다. 외국자본에 대한 내용도 직접투자를 종속성의 최후 징표처럼 간주하고 있는데 현대 금융자본주의에서는 대체로 그린필드형(공장설립형) 직접투자를 단기성 투기자본(또는 포트폴리오 투자)보다 우호적으로 평가하고 있다. 상황이 이러했기 때문에 주류 운동진영은 IMF 이후 나타났던 여러 문제에 적절히 대응하지 못했다.

첫째, 론스타, 뉴브리지캐피탈 등 외국계 금융자본이 벌인 몰염치한 사기행각에 대한 운동진영의 대응이 미진했다. 반미자주를 중시하는 주류 운동진영이 다른 어떤 사안보다 반미운동을 확장할 수 있는 론스타 같은 사안에 무심했다는 것은 불가사의한 일이다. 이는 주류 운동진영이 종속성을 주로 군사적인 부분에 착목했다는 관점상의 문제를 뛰어 넘어 주류 운동진영의 사상이론적 낙후성을 보여준 적나라한 사례다.

둘째, 금융, 특히 외환과 은행 부문에 대한 모니터와 대응을 게을리했다. 2008년 세계 금융위기가 한국에서 유달리 심하게 나타난 것은 외환거래 자유화를 배경으로 해외 금융자본의 포트폴리오 투자가 한국에 집중됐고, 2005~06년경 본격화된 '은행의 대형화 경쟁-은행채·CD 등 시장성 수신 또는 단기외채-건설사·가계-부동산' '은행의 대형화 경쟁-펀드·파생상품 등의 마구잡이(?) 판매'로 이어지는 메커니즘 때문이다.

2008년 10월 미국에 금융위기가 발발하자 해외 금융자본은 환금성이 좋은 한국에서 마구잡이로 주식을 팔아 치우기 시작했고 이것이 2008년 하반기 주가폭락과 환율급등의 주요 원인이다. 한편 은행은 대형화 경쟁 속에서 단기외채와 CD·은행채 등 시장성 수신을 받아들여 마구잡이로 대출했고 건설사와 가계는 이를 받아 부동산에 투자하여 부동산 거품을 자초했다. 은행의 단기외채가 은행발 외환위기의 주범으로 떠오르자 정부와 한국은행이 개입하여 2008년을 간신히 넘길 수 있었고 은행이 시장성 수신을 통해 건설사와 가계로 쏟아 부은 유동성은 부동산거품 파열이라는 태풍의 눈으로 남아 있다.

다른 한편에서 은행은 펀드와 정체불명의 파생상품(Kiko 등)을 들여와 이익 추구에 골몰하여 중서민들과 중소기업에 파괴적인 후과를 안겼다. 하교길 고등학생에게까지 카드를 팔아 수백만 명의 신용불량자를 양산한 것이 누구이며 80세 노인에게까지 원금을 보장한다며 펀드를 팔아 이익을 챙긴 것이 누구인가. 심각한 경제위기 국면에서 은행이 했던 역할에 대해 응당한 평가가 필요하다.

2009년 구조조정이 본격화되는 시점에서 외환과 은행 부문에 대한 논란과 대응이 미진한 것은 지난 10년간 이에 대한 중요성을 망각하고 있었기 때문이다. 서민경제의 핵심이 고용이라면 나라 경제의 근간이 되는 것은 외환과 금융이다.

셋째, 미국-중국으로 이어지는 거대한 불균형 구조와 여기에 편승한 대자본 중심의 수출 성장에 주목하지 않았다. 2003~06년의 미국의 부동산 버블은 '미국의 과소비·과수입-중국의 저임금 노동력에 기초한 수출'이라는 산업·무역구조의 불균형과 '미국의 국채 발행-중국의 국채 매입'을 통한 달러 리사이클링이라는 금융구조에 의해 지탱되었다. 2000년대 이후 한국경제는 미국-중국 사이의 거대한 불균형 구조를 타고 엄청난 수출신장을 가져오는데 이 수출신장을 주도했던 것이 글로벌 경영을 주창했던 대자본이었다. 여기서 수혜를 입은 집단은 해외여행과 유학, 영어 조기교육과 사교육, 주식·부동산 열풍을 주도한 반면 여기서 소외된 중소기업과 자영업 등은 구조적으로 몰락할 수밖에 없었다. 2002년 카드대란 이후 양극화가 본격화되기 시작했고, 2005년 이후에는 통제하기 어려운 상황으로 발전했다. 그리고 그 연장선에서 경제의제를 선점한 이명박 정부가 탄생한 것이다.

그러나 이러한 경제상황을 잘 이해하지 못했던 주류 운동집단은 조직된 활동가 집단을 중심으로 소모적이고 집회 위주의 단선적인 투쟁만을 고집하여 고립을 자초하고 말았다. 1997년 IMF 이후 주류 운동진영은 전통 담론에 얽매여 외환과 금융 그리고 거기서 파생된 자산거품과 사교육 열풍 등에 주목하지 않았다. 이것이 2008년 10월 격동했던 경제위기 상황에서 주류 운동진영이 상황에 대응하기는커녕 제대로 설명조차 할 수 없었던 이유다. 그리고 그 시간의 지체만큼 심각한 대가를 치르게 될 것이다.

일국적 관점으로는 세상이 바로 보이지 않는다

달러체제의 변화

2차 세계대전 직후 미국은 금달러 본위제를 강요한다. 이에 따라 1온스=35달러로 달러를 금에 고정하고 이와 연계해 다른 통화를 고정시켰다(이를테면 1달러=360엔). 이렇게 되어 금과 연계해 모든 통화들의 교환비율이 결정되고 막대한 양의 금을 보유한 미국은 1온스=35달러의 교환비율에 따라 미국의 법화에 불과한 달러를 국제무역결제수단, 즉 기축통화로 삼을 수 있었다. 그런데 금달러 본위제는 미국이 1온스=35달러를 유지할 수 있을 정도로 인플레를 관리해야 함을 의미한다. 만약 달러가 살포되어 1온스=35달러를 유지할 수 없다면 달러 대신 금을 보유하려는 경향이 강해지기 때문이다.

실제로 1965년 이후 달러 가치에 회의를 가진 투기꾼들이 달러 대신 금으로 갈아타기 시작했다. 미국의 선택은 두 가지였다. 하나는 1온스=35달러를 유지할 만큼 통화량을 줄여 긴축을 하거나 고정환율제를 폐기하는 것이다. 전자는 경기불황을 가져오기 때문에 정치인들이 선택할 수 있는 옵션이 아니다. 이에 1971년 닉슨 행정부는 금태환 불가를 선언하고 1973년 변동환율제로 이행한다.

금달러 본위제(금에 기초한 고정환율제)가 달러 중심의 변동환율제(금은 폐화)로 변화하게 된 과정은 1970년대까지 미국의 경쟁력이 약화되고 독일과 일본의 산업경쟁력이 강화된 과정과 일치한다. 1970년대 미국은 두 방향에서 새로운 도전에 직면했던 것으로 보인다. 하나는 미소냉전에 대한 처리이고 다른 하나는 독일과 일본의 산업경쟁력에 대한 도전이다.

플라자 합의와 3저호황

1981년 집권한 레이건 행정부는 두 가지 방향의 도전에 대해 미국의 일극패권을 재구축하는 것으로 대응한다. 소련에 대해서는 핵승전전략을 구체화하고 독일과 일본에 대해서는 강제적인 환율과 금리조정으로 대응한다. 그러나 레이건 행정부가 취했던 정책, 핵승전전략과 감세정책은 미증유의 쌍둥이 적자를 불러왔다. 앞서 기술했던 것처럼 미국의 재정적자와 경상수지 적자는 미국패망론이 대두될 만큼 위협적인 수준이었다.

미국의 쌍둥이적자가 심각한 수준에 이르자 G5의 재무장관과 중앙은행 총재들이 플라자 호텔에 모여 환율조정과 협조금리 정책을 통해 미국 쌍둥이적자의 해결을 도모한다. 플라자 합의의 요지는 첫째, 무역수지 적자 해소를 위해 각국이 달러 매도와 각국 통화 매수를 통해 고

달러를 시정하고, 둘째, 미국은 금리를 인하하되 타국은 금리를 인하하지 않는 협조금리 정책이다(미국이 금리를 인하하는 만큼 타국이 금리를 인하하면 국제 금융자본의 입장에서는 여전히 금리가 높은 달러로 몰리게 된다).

플라자 합의로 인해 1985년 달러당 240엔 수준이던 환율이 1986년에는 달러당 150엔 수준으로 떨어졌다. 이로 인해 1970년대 유치했던 수준의 한국의 대자본은 흑자수출을 통해 자본을 축적하고 이를 바탕으로 새로운 단계로 성장할 수 있었다. 이 과정을 역사적인 맥락에서 살펴보면 다음과 같은 해석이 가능하다.

첫째, 1945~60년대까지 미국 주도의 경제질서 아래에서 미국은 미국의 시장을 한국에 개방함으로써 한국의 자본주의 성장을 견인했다.

둘째, 한미관계는 미국을 정점으로 한 한일관계와 떼놓을 수 없다. 그러나 1960년대까지는 미국이 일본에 대해 압도적인 우위에 있었으므로 미국을 정점에 둔 한미관계를 기본으로 놓고 한일관계를 종속적인 차원에서 해석해도 큰 무리가 없다.

셋째, 1970년대를 과도기로 하여 미국의 우위가 사라지다가 1980년대 미국의 대반격(?)이 시작되면서 상황이 미묘하게 돌아간다. 경제적으로 궁지에 몰린 미국은 일본에 양보를 강요하여 엔고를 야기한다. 그런데 한국의 환율체제는 달러에 페그Peg되어 있었기 때문에 저달러, 엔고가 되면 자연스럽게 원화가 엔화에 대해 평가절하되어 수출경쟁력이 늘어나는 것이다. 이것이 의미하는 바는 미국의 경제적 지위가 약화됨에 따라 한미관계로만 경제를 설명할 수 없는 새로운 양상이 나타난 것이다.

역플라자 합의와 IMF

1985년 플라자합의의 구도(저달러)는 1995년까지 계속됐다. 그 후 1995년 4월 G7 합의에 의해 정착되어 약 2년 반 동안 지속된 역플라자 합의(고달러)로 1995년 4월 달러당 79엔이었던 환율이 1997년 7월에는 달러당 125엔, 1998년 6월에는 147엔까지 상승하였다. 문제는 한국을 비롯한 동아시아 사회가 여전히 달러 중심의 환율체제를 갖고 있었던 점이다. 즉 각국 통화가 달러에 페그되어 있었기 때문에 엔이 달러에 대해 평가절하되면 일본제품과 경쟁하는 수출품의 가격경쟁력이 떨어지는 것이다. 이로 인해 한국은 대규모의 무역수지 적자(1995년 마이너스 44억 달러, 1996년 마이너스 151억 달러, 1997년 마이너스 33억 달러)가 발생하여 외환위기의 원인을 제공했다.

한국과 동아시아가 외환위기로 빠져드는 과정을 입체적으로 재구성하면 다음과 같이 설명할 수 있다.

첫째, 미소냉전 붕괴 이후 유럽은 1992년 마스트리히트 조약에서 유로화를 출범시키기로 합의한다. 그러나 동아시아의 경우 일본과 말레이시아가 중심이 된 AMF(동아시아통화기금), EAEG(동아시아경제그룹) 구상이 미국의 거부로 무산되어 달러 중심 체제에 귀속된다.

둘째, 플라자 합의 이후 엔고 불황에 시달린 일본은 저금리 정책으로 이를 만회하려 시도한다. 엔고와 저금리에 따른 엔 자금이 동아시아와 한국으로 진출하여 자산버블, 과잉투자를 유발한다.[12]

셋째, 1990년대 이후 동아시아와 한국은 금융자유화를 통해 일본 자금을 비롯해 해외 금융자본에 문호를 개방한다.

넷째, 역플라자 합의로 동아시아와 한국의 경상수지가 급격히 악화된다.

다섯째, 위 네 가지와 투기자본의 공세가 결합되어 동아시아는 IMF 관리체제로 편입되었는데 이를 거부했던 말레이시아, 중국 등은 위기에서 상대적으로 안전했다.

이 사실은 또 다른 시사점을 준다.

첫째, 한미관계라는 일국적 프리즘에서 당연시했던 달러중심 체제를 벗어나는 것과 이를 위한 환율체제, 자본정책 또는 범지역적인 협력의 중요성이다. 만약 한국이 말레이시아와 같은 자본통제 정책을 썼거나 1990년대 초반 유럽과 같은 탈달러 지역협력 구상을 현실화할 수 있었다면 동아시아 경제위기는 근본적으로 다른 양상을 띠었을 것이다.

둘째, 외환정책과 금융정책의 안정성이 국민경제 전반에 미치는 중요성이다.

중국의 부상과 미-중 불균형

2002년 내수붕괴 이후 한국을 먹여 살린 것은 미국과 중국 간의 글로벌 불균형에 따른 대중 수출 증가였다. [표 2-1]에 따르면 무역수지 흑자의 3분의 2 이상이 중국으로부터 발생하고 있음을 알 수 있다. 심지어 2006년의 경우 279억 달러의 흑자 중 대중 흑자만 237억 달러에

---

12 엔고가 되면 수출주도형 국가인 일본에겐 대단히 불리하다. 저금리는 여러 가지 원인이 있지만, 일단 엔고 불황을 만회하기 위한 수단이었다. 엔고가 되면 수출에는 불리하지만 대외투자에는 유리하다. 이에 따라 일본 자금이 동남아시아로 대거 진출한다.

[표 2-1] 2003~06년 사이 무역수지 흑자와 대중 흑자

(단위 : 억 달러)

	2003	2004	2005	2006
무역수지 흑자	219	375	326	279
대중 흑자	140	211	254	237

달한다. 사실상 중국이 한국의 구세주였다고 볼 수 있다.

문제는 2003~06년의 비정상적인 미국의 과소비와 글로벌 불균형 구조도 달러 중심의 경제체제와 밀접한 관련이 있다는 점이다. 경상수지가 적자면 보통의 국가들은 수출을 늘리거나 수입을 줄여 경상수지를 해소해야 하고 이는 긴축이나 내핍을 의미한다. 그런데 미국의 경우에는 경상수지가 적자임에도 불구하고 이를 자본수지로 메워왔는데 이것이 가능했던 이유는 첫째, 달러가 기축통화라는 점, 둘째, 미국이 갖고 있었던 글로벌 파워 때문이다. 요약하면 다른 나라였다면 진작 문제가 되었을 미국의 과소비가 달러체제라는 이유로 폭발이 지연되다가 2007년 중반기가 돼서야 돌이킬 수 없는 수준으로 터져 나온 것이다.

이러한 사실이 한국에 주는 시사점은 무엇일까?

첫째, 1970년대 초반 1차 파열된 달러체제가 전 세계적인 범위에서 모순을 키워오다 2007년 8월 이후 폭발했다는 점이다. 즉 이후에는 달러체제가 아닌 다른 국제통화질서에 대해 고민할 때가 되었다.

둘째, 2002년 내수 붕괴 이후 한국경제는 미국의 과소비, 미-중의 불균형이라는 기형적인 구조에 편승하여 2003~08년 상반기까지 대자본이 중심이 된 수출주도형 경제구조를 확대할 수 있었다. 이 시기 한국의 대자본은 명실공히 글로벌 기업으로 성장했다. 이제는 미-중

불균형이라는 기형적인 수입 수요에 의해 유지되었던 경제구조를 어떤 형태로든 내수 위주로 전환해야 하는 시점에 접어들었다.

셋째, 2008년 10월 미국발 금융위기가 전 세계를 석권할 때 한국경제는 해외자본의 탈한국과 환율 급등으로 치명타를 입었다. 2007년 말 달러당 936.1원이던 환율은 2008년 말 1259.5원으로 25.7퍼센트 절하되었고, 원달러 환율의 변동성(전일 대비 변동률 기준)은 0.99퍼센트로 호주(1.10퍼센트)를 제외한 다른 나라에 비해 높은 수준(〈2008년 중 외환시장 동향〉, 한국은행, 2009. 1. 29)이다. 즉 외환과 금융의 불안정성으로 인해 미국발 금융위기에 어느 나라보다 심각한 피해를 입었다.

이상을 종합하면 다음과 같은 잠정적인 결론이 가능하지 않을까?

첫째, 1945~60년대 말까지 미국 주도의 경제질서 아래 한국경제는 근대화, 산업화했다. 이 시기를 배경으로 배태된 이론체계가 '원조-차관-직접투자'로 이어지는 종속구도나 한미 양국(일본을 보조축으로) 간의 산업적 연계를 중심으로 보는 주류 운동진영의 관점이다.

둘째, 1980년대가 되면 미국이 산업적 열세를 강압적인 협조정책(플라자 합의)이나 금융산업으로 만회하려고 하는데 이 과정에서 한미관계가 아닌 다른 변수, 즉 플라자 합의와 역플라자 합의에서의 일본 변수, 미-중 불균형 과정에서의 중국 변수 등이 중요해진다. 즉 한미 양자관계로는 상황을 설명할 수 없게 된 것인데 이렇게 된 이유는 한국 대자본의 성장, 미국의 지위 하락, 일본과 중국 등의 부상 등과 관련이 있다.

셋째, 둘째 항목에서 가장 중요한 요소는 외환, 환율, 금융의 안정성을 통해 경제의 안정성과 체질을 강화하는 것이다.

전체적으로 요약하자면 주류 운동진영이 일국적 관점에서 세상을 보는 것은 미국 주도의 경제질서가 안정적이었던 어떤 특정 시대(1945~60년대)의 산물이다. 1970년대를 과도기로 1980년대가 되면 미국 주도의 경제질서가 흔들림에 따라 미국 주도의 일극질서에서 당연하게 여겨졌던 달러체제의 파괴에 대비해 경제의 안정성과 체질을 강화하는 작업, 즉 외환과 금융문제가 전면에 서는 것이다.

한미 FTA를 어떻게 볼 것인가

2003년 집권한 노무현 행정부는 집권 초기 유럽식 사회경제모델, 동아시아 공동체 등 탈미적 시각을 갖고 있었다. 그런데 2005년 어느 시점부터 급격히 우회전하기 시작하여 이전과는 판이한 정책들을 연이어 쏟아냈다. 한나라당과의 대연정 구상, 한미 FTA 협상 추진, 주한미군의 전략적 유연성 따위가 그런 것들이다.

한미 FTA와 관련해 심상정 전 민주노동당 의원은 2005년 봄 한미 사이의 실무협의가 미국의 강경한 요구("쇠고기, 스크린쿼터 등 양국 간 핵심 통상 현안에 대해 한국의 양보를 협정 추진의 전제로 내걸었다", 《한겨레》) 때문에 벽에 부딪친 상황에서, 5월 중국이 농산물에 대한 양보를 시사하며 한중 FTA를 제안하자 미국이 8월 "쇠고기, 스크린쿼터가 완전히 해결되고 나머지 분야에서 진전이 있다면 한미협정에 대한 의회 및 업계 설득이 가능할 것"이라고 물러서면서 한미 FTA가 급진전했다고 한다.[13]

심상정 의원의 폭로에서 중요한 것은 한국을 둘러싼 미중 간의 파워 게임이다. 미국이 양국 간 FTA를 추진하려는 방침은 WTO와 같은 다자주의를 포기하고 지역거점 국가들과의 양자 간 FTA를 통해 해당 지역의 다른 국가들이 미국과 FTA를 추진하도록 '경쟁'시키고 이를 통해 미국의 이해를 관철하려는 것이다(이른바 경쟁적 자유주의다). 미국의 구상은 다자주의 대신 양자주의를 강조하고 지적재산권, 서비스산업, 투자자-국가 소송제도 등 개방의 강도가 높으며 단순한 경제협정이 아니라 지역거점 국가들과 선별적으로 협정을 체결하여 정치적 목적까지 취하려는 대단히 난폭한 정책이었다. 이 구상을 한미 FTA에 적용하면 한미 FTA를 통해 한국을 미국식 경제구조에 편입시키고 이를 통해 중국을 봉쇄하거나 중국 주도의 동아시아 구상을 견제하려는 시도라고 볼 수 있다.

미국의 구상이 이러했기 때문에 중국은 농산물을 양보해서라도(중국이 농산물을 양보한다면 한국은 한중 FTA를 통해 막대한 이익을 챙길 수 있다) 한미 FTA에 앞서 한중 FTA를 먼저 제안했던 것으로 보인다. 즉 중국은 당장의 경제적 이익보다는 미국의 대중 포위망을 견제하려는 전략적인 차원에서 한중 FTA를 보고 있었다. 같은 맥락에서 중국은 주한 미군의 전략적 유연성에 대해 대단히 민감한 반응을 보인 바 있다.

그렇다면 노무현 정부는 중국의 이 파격적인 제안을 왜 거부했을까? 노무현 대통령이 극찬했던 《코리아, 다시 생존의 기로에 서다》(배기찬, 위즈덤하우스, 2005)에서 배기찬 씨는 결론적으로 "한국은 동북아

---

13 나머지 분야는 자동차와 의약품이고, 쇠고기, 스크린쿼터와 함께 이 네 가지가 이른 바 4대 선결조건이다. 이전에는 4대조건 모두를 선결조건으로 내걸었지만 중국의 제안 이후 두 가지는 완전 해결, 나머지 두 가지는 진전으로 선회했다는 것이다. 이를 전향적인 입장 선회라고 이해할 수 있을까?

에서 미국과 중국의 영향력이 비슷해지는 2020~30년경에 통일을 이루고 아시아의 스위스, 동북아의 균형자로 거듭난다. 하지만 지금은 한국이 단독으로 동북아의 세력균형자가 되기 힘들다. 그때까지는 최대 패권국인 미국과의 협력관계를 공고히 해 신뢰를 쌓고 실력을 기르는 것이 급선무다"라고 쓰고 있다(강조 필자).

열린우리당에서 386세대를 대표하며 한미 FTA 찬성을 주도했던 송영길 의원은 2006년 8월 SBS 시사토론에서 "…… 미국이 그래도 문제는 많지만 미국은 민주주의를 하는 나라입니다. 그리고 원교근공이라고 옛날부터 우리 대륙세력과 해양세력의 대립 속에서, 중국과 일본의 틈바구니에서 한반도가 생존하기 위해 미국과의 협력은 매우 필요한 의미를 갖습니다"라고 발언한 바 있다. 즉 노무현 행정부가 중국의 파격적인 제안을 거부하고 미국과의 FTA 추진에 적극 나선 것은 미국과 중국의 대결이라는 지정학적인 구도에서 미국 편에 서야 하기 때문이라는 것이다.

내가 여기서 말하고 싶은 것은 한미 FTA의 옳고 그름이 아니라 세상을 보는 관점이다. 이 모든 시각은 미국-중국의 쟁패라는 구도에서 한국이 어떤 입장에 서야 하는가의 관점에서 세상을 보고 있다. 한미 FTA에 대해 어떤 입장에 서든 한미 FTA를 양국 간의 관계로 보기보다는 중국을 염두에 둔 미국의 세계전략, 동아시아 차원에서 바라보는 것이 기본 태도다. 그렇다면 주류 운동진영은 어땠을까?

2006년 한미 FTA 반대운동에는 주류 운동진영이 주도적으로 참가했는데 돌이켜보면 이는 다소 의외의 선택이다. 주류 운동진영은 IMF 이후 투기자본, 금융자본의 폐해가 두드러질 당시 이상하리만큼 침묵으로 일관한 바 있다. 이는 주로 정치군사적인 차원에서 세상을 보는 관점 때문인데 2006년에는 평택이나 북의 핵실험과 같이 정치군사적인 차원에서도 굵직한 주제가 없지 않았다. 그렇다면 2006년에는 이러한 관점이 달라졌던 것일까. 하지만 만약 그랬다면 2007년 8월 이후 본격화된 미국의 금융위기에 대해 그토록 무관심하지는 않았을 것이다.

원인은 한미 FTA를 미국의 경제침략의 최종 귀결점으로 이해했기 때문이다. 즉 통상정책 전반에 대한 충분한 이해와 관심 속에서 한미 FTA 반대운동이 도출되었다기보다는 한미관계의 연장선에서 한미 FTA 반대운동이 추동되었던 것이다. 터놓고 말하면 FTA의 한쪽 당사자가 미국이 아니었다면 그런 정도의 동력이 나오지 않았을 것이다.

하지만 한미 FTA 반대운동의 동력이 '원조-차관-직접투자'로 이어지는 낡은 버전의 연장선에 있었기 때문에 '그러면 당신들의 대안은 무엇인가'라는 간명한 반론을 뛰어 넘을 수 없었다. 주류 버전에 따르면 민족자립경제일 텐데 이는 대도시 생활인을 설득하기에는 동문서답에 가까운 주장이었다. 한미 FTA의 옳고 그름을 떠나 미국-중국 쟁패기로 접어드는 시점에서 미국에 편승해야 한다는 노무현 정부의 말에 '동북아시아 나아가 세계질서가 어떻게 어떻게 변해가고 있으므로 한국의 미래 지향은 어떠해야 한다'는 대답이 있어야 한다.

예를 들어 '중국이 발흥하고 있으므로 급진적인 개방을 통해서라도 서비스산업을 육성해야 하지 않을까'라는 질문이 주어진다면 '경제적 주도권이 미국에서 중국으로 넘어오고 있으므로 중국보다 한 급 높은 기술경쟁력을 통해 중국을 활용하고 동아시아 공동체를 형성하자' 같은 대답이 있어야 한다.

주류 운동진영이 실천에서는 주도적이고 적극적이면서도 대도시 생활인의 인식을 바꾸어낼 수 없었던 점은 현실을 양국관계로 국한하는 관점의 협소함 때문이다.

북미대결을 어떻게 볼 것인가

비슷한 문제가 북미대결론에도 적용된다. 주류 운동진영의 정세 문건을 보면 북미·한미·남북관계로 채워져 있다. 이해할 수 없을 정도로 중국, 러시아 같은 강대국 간 정치 역관계, 중동과 같은 제3세계의 동향에 대해 둔감하다. 북미협상에서 중러나 중동의 변수는 아무런 의미가 없다고 보는 걸까?

내가 2005년을 기점으로 통일정세가 유리하게 진행된다고 본 것은 남북관계의 진전 때문이기도 하지만 국제정세가 급변하고 있었기 때문이다. 사람들은 2차 세계대전 하면 8월 15일을 떠올리지만 2차 세계대전에서 가장 중요한 날은 5월 8일 독일이 항복한 날이다. 2차 세계대전은 기본적으로 유럽을 무대로 진행된 만큼 5월 8일을 기점으로 하여 사실상 2차 세계대전은 끝났다고 볼 수 있다. 그런데 2005년 5월 8일 러시아의 푸틴과 중국의 후진타오가 정상회담을 가진 데 이어 6월 30일에는 '21세기 국제질서에 대한 공동선언'을 통해 "중러 양국이 다극구조를 만들어가는 데 함께 노력할 것과 국제사회에서의 주권 존중, 인권의 지역적·국가적 특성을 인정할 것"을 확인하고는 8월 18~25일 산둥 반도에서 공동 군사훈련을 단행한다.

생각해보라. 2003년 미국은 UN도 무시하고 이라크 침략을 강행(일방주의)했고 민주주의의 확산(이것을 부시식으로 표현한다면 민주주의의 보편성)이라는 미명 아래 전 세계를 무대로 난폭한 공세를 가했다. 이에 대해 중국과 러시아는 국제질서가 미국 주도의 일방적 구조가 아닌 다극구조이며 주권과 인권은 지역적·국가적 특성을 인정해야 한다며 제2차 세계대전 종전 60주년에 맞춰 선언하고, 미국 중심의 해양패권이 유라시아 대륙 동쪽을 압박하는 입구인 산둥 반도에서 군사훈련을 단행하여 이를 실증해보인 것이다. 이런 수준이면 미국의 대북 압박은 더 이상 통하기 어렵다.

북미협상에서 또 하나 중요한 변수는 중동 정세다. 1990년대 미국의 군사전략에서 동북아시아와 중동에서 중간 규모의 두 개 전쟁을 수행한다는 전략(이른바 WIN-WIN 전략)이 유행하기는 했지만 미국이 이라크와 중동에서 벽에 부딪친 조건에서 동북아시아에서 북을 상대로 제2전선을 여는 것은 이론적으로는 가능할지 몰라도 현실적으로는 거의 불가능에 가깝다. 미국의 입장에서 북, 이란과 같은 주권국가와 알카에다, 탈레반과 같은 '테러' 집단의 결정적인 차이는 북, 이란이 일정한 국민과 영토를 가진 정부라면 후자는 이슬람 근본주의로 무장한 무정형(?)의 집단이라는 것이다. 전자가 핵을 가지려는 이유가 미국과의 정치협상에 있다면 후자는 미국에 대한 공격 자체가 목적일 수 있다. 따라서 북한이 스스로를 테러와 구분 짓고 협상을 선호하는 한 북미 간의 갈등은 본질적으로 정치적으로 해결할 수밖에 없다. 반면 후자의 경우에는 미국의 입장에서도 이들을 분쇄하는 것 말고는 별 대책이 없다.

현재 미국의 입장에서 가장 급한 것은 아프가니스탄과 파키스탄 접경지대에 있는 이슬람 근본주의로 무장한 정치세력이다. 이는 그야말로 분초를 다투는 시급한 현안이다. 핵 기술이 보편화한 조건에서 자칫하면 미국 본토를 겨냥한 핵공격이 벌어질 수도 있기 때문이다. 이런 사정을 고려하면 북미협상은 수준과 시점의 문제가 남아 있을 뿐 2005년을 경계로 정치적인 거래로 넘어갔다.

이해할 수 없는 것은 주류 운동진영이 전쟁 위협을 과장하며 반미반전운동을 과도하게 진행한 점이다. 당연히 대부분의 반미반전평화운동은 국민대중의 공감과 지지를 이끌어내지 못하고 조직화된 운동집단의 자족적인 운동으로 끝나고 말았다.[14] 문제는 주류 운동진영이 정치나 군사 같은 거대담론을 중시하면서도 이해할 수 없을 만큼 국제정세에 둔감하거나 무지하다는 점이다. 여기서도 문제의 핵심은 고질적인 일국적 시야다.

정세와 미래를 보는 기준은 무엇인가

세상은 이제 경제적으로는 거대한 거품과 불균형이 파열되고 정치군사적으로는 미국 주도의 일극질서가 붕괴되는 시대로 접어들었다. 1990년대부터 본격화된 미국 주도의 금융질서는 '미국-중국(또는 동아시아)' 사이의 거대한 무역구조와 달러 리사이클링이라는 불균형 구조

---

14 개인적으로는 웃지 못할 사건이 2006년 10월 핵실험 이후 주류 운동진영이 벌인 반전평화운동이다. 핵실험을 했고 부시의 연설이 핵실험 결과를 간접적으로 확인해주는 조건에서 조직대오를 동원하여 벌인 반전평화운동은 이해하기 어려운 전술이다. 1퍼센트의 전쟁 가능성이 있더라도 그에 대비해야 한다는 논리로 반전평화운동을 설명했지만 이는 국제정치에서 핵이 갖는 의미를 잘 모르거나 과도한 통일지상주의의 산물이라고밖에는 볼 수 없다.

에 의해 지탱되었고, 미국 가계의 과소비가 파열되면서 무너지고 있다.

돌이켜보면 첫째, 1990년대 초반 탈냉전 직후 벌어진 남북합의서와 북일 수교협상의 무산, 한미일 동맹의 재구축, 둘째, AMF나 EAEG 등 일본 주도의 동아시아 공동체 구상과 이를 저지하고 들어선 APEC(아시아태평양경제공동체), 셋째, 2005년 한미 FTA를 둘러싼 논쟁 등은 모두 미국 주도의 동아시아 질서의 이완·해체과정에서 비롯된 사건들이다. 따라서 우리에게 중요한 것은 미국으로부터 어떻게 독립성을 획득하느냐의 관점을 뛰어 넘어 동아시아 질서를 어떻게 재구성할 것인가에 대한 적어도 범지역적인 수준의 고민이 있어야 한다.

정치군사적으로도 마찬가지다. 냉전 시기 정세의 중심이 미국, 유럽, 일본을 중심으로 한 자본주의 진영과 소련과의 냉전이었다면 최근 정세는 미국과 유럽 간의 전통적인 혈맹구도가 약화되는 가운데 새롭게 부상했던 '미국-일본-호주'를 연결하는 해양동맹이 퇴조하고 중-러와 중앙아시아, 중동, 인도 등을 포괄하는 유라시아 질서가 어떻게 재편될 것인가가 초미의 관심사로 부상하고 있다. 멀게는 2005년 중-러의 다극선언과 공동 군사훈련, 가깝게는 2008년 8월 러시아의 그루지야 침략으로 정치군사적인 차원에서 미국 주도의 일극질서는 끝났다. 여기에 북, 이란 등이 핵과 미사일을 고리로 미국을 강하게 압박하고 있다.

자주와 종속이라는 프리즘에는 BRICs 등 신흥강국의 부상, 미국-중국 사이의 거대한 불균형 구조와 점진적인 세력 재편, 범지역적인 안목이 들어가 있지 않다. 그러나 한국과 미국, 남과 북이라는 단일 프리즘으로 세상을 보기에는 이미 세상은 너무 크고 복잡해져버렸다.

자본주의의 고도화가 가져오는 문제

봉건 잔재를 둘러싼 논쟁

1986년과 2008년

1986년 봄이었던 것 같다. 당시는 하루가 다르게 새로운 이론이 출몰하고 경합하던 때다. 이 무렵 운동권을 뜨겁게 달구었던 논쟁이 사회구성체 논쟁이다. 사회구성체 논쟁의 한가운데서 신식민지국가독점자본주의론과 식민지반봉건사회론(식반봉)이 대치하였다. 당시 3학년이던 우리들은 반미운동이 전면화한 조건에서 국내 독점자본을 중시하던 전자보다는 미국의 문제를 전면에 내건 후자에 호감이 있었다.[15] 그런데 문제는 뒤에 붙은 반半봉건사회였다. 당시 3학년이던 우리가 보아도 지주-소작관계가 사회모순의 중심이라는 견해는 현실과 동떨

---

15 당시도 선배들의 경향에 따라 줄서기 하는 경향이 많았다. 선배가 전자면 그에 따르고 후자면 다른 경향을 갖는 식인데 필자도 기본적으로는 그런 수준이었다. 그런데 필자가 식민지반봉건사회론에 호감을 가진 결정적인 이유는 반미 때문이라기보다는 후에 기술할 대중노선 때문이다.

어진 것이었다. 따라서 우리는 식민지반봉건사회론의 전체를 수용하기보다는 앞의 식민지론만 제한적으로 수용했다. 1988년 무렵 식민지반봉건사회론이 식민지반자본주의론(식반자)으로 수정되면서 이 생각의 간극은 조정되었다.

내가 여기서 하고 싶은 말은 당시 대학 3학년들도 합리적이고 상식적인 선에서 사물을 보고 판단할 능력이 있었고 학생운동에서 그런 경향을 고무하고 격려하는 분위기였다. 당시에는 대학 3~4학년이면 저마다 하나씩 입론立論하고 있었고 정치토론이라도 하게 되면 서로 말을 못해 안달이었다. 그런데 최근, 특히 반半자본주의론과 관련해 토론을 하다 보면 토론 자체가 잘되지 않는다. 사람들의 입에서 기이한 주장들이 서슴없이 나온다. 이론과 이론이 논쟁하는 것이 아니라 마치 과학과 종교가 토론하는 것과 같은 느낌이 들 때가 적지 않다. 어쩌다 이 지경이 되었을까?

식민지반봉건사회론과 식민지반자본주의론

논의를 이어가기 위해서는 먼저 식민지반봉건사회론과 식민지반자본주의론에 대해 객관적으로 이해할 필요가 있다.

식민지반봉건사회론은 제국주의와 식민지 사이의 민족모순 때문에 자본주의가 정상적으로 발전할 수 없어 봉건적 잔재인 '지주—소작관계'가 지배적인 사회관계가 된다는 이론으로 자본주의의 정상적인 발전을 위해서는 제국주의를 타도해야 한다고 주장한다. 이는 코민테른 6차대회에서 거론된 바 있고 제국주의 침략이 본격화되었던 19세기 말, 20세기 초에 제3세계에서 일반적으로 나타났던 현상이다. 우리의 경우에는 일제시대가 그 전형이라고 할 수 있다.

원리적으로만 본다면 식민지반봉건사회론의 사회에서 자본주의 발전은 불가능하다. 그러나 미소냉전 구조 아래에서 미국은 대소 전진기지로서의 군사적 가치를 평가하여 한국에서 자본주의적 발전을 추동하기 시작한다. 1960년 4.19와 1961년 5.16의 논쟁은, 한국에서 자본주의적 발전 또는 근대화, 산업화를 추진하는데 그 정치적 범위를 민족으로 할 것인가 아니면 남으로 한정할 것인가를 둘러싼 논쟁이었다.

1960년 4.19로 이승만 정권을 무너뜨린 학생들은 1960년 말부터 통일운동을 전개하는데 이 통일운동의 주요 동력이 당시 남북이 하나의 경제권을 형성하면 빠른 시간 안에 산업화를 할 수 있다는 발상이었다. 어려운 경제여건에서 1961년 5월 진행된 조국통일촉진대회(?)에 도시빈민, 서민들이 광범위하게 참여한 이유가 여기에 있다. 반면 5.16은 이승만과 한민당과 같은 전통적인 봉건세력에 비해 근대적인 집단인 군부를 통해, 한편으로는 대소 전진기지로서의 성격을 강화하고 다른 한편으로는 자본주의화를 통해 내정을 안정시키려는 시도였다. 미국은 남북경제협력, 민족 단위의 통일경제라는 탈미적(?)인 발상을 제어하기 위해 미국의 자금과 시장을 열어주어 반공을 전면에 건 새로운 경로의 자본주의화, 산업화의 길을 제시한 것이다. 식민지반봉건사회론에서 자본주의화가 진행될 수 있었던 것은 미소냉전, 4.19와 5.16 사이의 대립과 같은 세력관계의 산물이다.

식민지반봉건사회론 사회에서 원리적으로 불가능하던 자본주의화가 진전되어 이론의 수정이 불가피하자 이를 식민지반자본주의론으로 수정한다. 식민지반자본주의론의 핵심은 지주-소작관계와 같은 봉건적 사회관계 대신 자본주의적 노동자-자본가관계가 전면화되었지만 여전히 식민지라는 것, 그리고 민족모순 때문에 기형성, 파행성을 가진 불구화된 자본주의 사회가 될 수밖에 없다는 것이다. 봉건사회가 자본주의 사회로 발전했지만 여전히 식민지이므로 자본주의 발전도 정상적일 수 없다고 보는 것인데 자본주의가 비정상적으로 성장한 근거로 《민족과 경제》에서는 지주-소작관계가 온존하고 있는 것, 자본주의화가 매판성과 전근대성을 띤 것을 든다.

그럼에도 여전히 문제는 남았다. 중공업화가 추진되고 대규모 이농이 진행되던 1970년대나 그래도 농민인구가 꽤 남아 있던 1980년대 중반이라면 모르겠는데 1990년대가 되면 한국사회의 자본주의화는 돌이킬 수 없는 상황으로 발전하고 있었다. 그런 조건에서 반자본주의의 근거를 지주-소작관계에서 찾는 것은 아무래도 이상했다. 그래서 그런지 1990년대 중반 학생운동에서는 반자본주의의 구체적인 징표를 적시하지 않고 그저 자본주의가 정상적으로 발전하지 않고 기형적, 파행적으로 발전한 것이 반자본주의라고 이해했던 것 같다.

사실 이런 정도 되면 반자본주의론을 어떤 형태로든 수정·조정해야 한다. 반자본주의라는 생경한 용어를 사용하면서 그 징표를 구체적으로 적시하지 않고 막연히 기형성, 파행성 따위로 설명하는 것은 사회과학의 한계를 넘는 것이다. 사회역사 이론은 일정한 역사적 조건 안에서 성립된다. 자연과학과 달리 무수한 우연이 교차하고 인간의 이해와 욕망 등이 결합되기 때문에 사회역사 이론은 해당 시기 특정한 조건에서 해당 사회를 함축적으로 설명하는 도구이지 이에 지나치게

매몰돼서는 안 된다.

이런 행태가 가능했던 이유는 1990년대 전 기간 동안 운동이 주로 통일운동을 중심으로 진행된 반면 한국사회 경제영역에 대한 분석과 연구는 게을리 됐고, 정권 탄압의 부작용으로 경직성이 강화됐기 때문이다. 1990년대 운동을 했던 사람들에게 식민지반자본주의론 사회는 특정한 사회역사 이론이 아니라 하나의 신념으로 수용되었던 것이다. 이러한 한계가 김대중-노무현 정권의 출범, 6.15공동선언 등 유리한 조건에서 대중운동에 질곡이 되는 기제로 작동한다.

학생운동을 중시한 점, 노농동맹에 기초한 통일전선, 정치군사적인 차원의 자주통일운동 중시, 학습과 대중운동 중시, 지사적인 풍모와 금욕적인 생활태도의 강조 등은 모두 식민지반자본주의론 사회에서 자연스럽게 도출되는 하위 범주다. 문제는 자본주의가 고도화한 조건에서 이론을 그에 맞게 수정하거나 해당 시기에 맞게 탄력적으로 조정하려는 노력을 게을리 한 점이다. 그로 인해 시대에 부합하지 않는 억지스러운 실천이 거듭되어 대중의 공감과 참여를 이끌어내지 못했다. 이로 인해 김대중-노무현 집권 10년간 운동진영은 정체와 퇴보를 거듭하게 된다. 다음에서는 이 과정을 구체적으로 살펴보도록 하겠다.

민간 대자본의 성장과 보수엘리트 체제

천주교정의구현사제단과 삼성

2007년 10월 29일 삼성의 법무팀장이었던 김용철 변호사가 삼성의 비자금 관련 내역을 천주교정의구현전국사제단(이하 천주교정의구현사제단)과 함께 폭로했다. 김용철 변호사가 폭로한 로비 대상에는 한국의 저명한 권력 실세들이 다수 포함되어 있었다. 김용철 변호사의 폭로도 중요했지만 필자가 특별하게 감회를 느낀 것은 천주교정의구현사제단의 참여였다.

386세대라면 천주교정의구현사제단에 각별한 감정을 갖고 있다. 1987년 전두환 정권의 4.13 호헌선언에 맞춰 전 국민적 저항이 서서히 시작될 무렵이던 5월 18일, 당시 사제단의 김승훈 신부는 박종철 고문치사 사건의 조사가 조작되었다고 발표했다. 이날을 계기로 하여 반전두환 투쟁이 본격 점화되기 시작했다. 전두환의 철권통치에 숨죽이던 대중들이 꿈틀대며 거리로 나오는 모습은 참으로 놀라운 광경이었다.

1989년 전대협이 임수경 대표를 평양에 파견하였다. 정부와 언론의 융단폭격이 집중되고 있을 때 천주교정의구현사제단은 문규현 신부를 평양에 파견하여 함께 판문점을 넘어 남으로 돌아왔다. 기성세대에게 특별한 기대를 걸고 있었던 것은 아니지만 사제단의 결정은 종교인의 숭고한 풍모를 느낄 수 있는 감동적인 기억이었다.

사제단의 결정은 역사의 고비고비마다 중대한 결단을 통해 선과 악, 정의와 불의, 역사의 순리와 역리를 가르는 중요한 잣대가 되었다. 필자는 천주교정의구현사제단의 참여로 삼성사건에 대한 윤리적 검증은 끝났고 이제 윤리적 결정을 법적으로 확인하기 위한 절차가 남았다고 생각했다. 그러나 법적 절차를 확인하는 작업은 생각보다 우습게 끝났다. 로비 대상으로 지목된 내로라하는 권력의 실세들은 침묵으로 일관했고 법정 공방은 또다시 유야무야되었다. 민심은 조용한 침묵으로 한국 최고 실세들의 기이한 행동을 묵인했다.

무서웠던 것은 김용철 변호사의 폭로 직후 삼성과 이건희 회장이 보여준 태도였다. 그들은 아무렇지도 않은 듯 도전적인 태도를 보여주었다. 백 마디 사과보다 중요한 것은 언론에 비친 태도다. 기자의 질문을 피하고 얼굴을 가리려는 장면 하나면 사건의 전말을 정확히 알 수 없어도 옳고 그름의 방향은 명확해지는 것이다. 그런데 삼성과 이건희 회장은 겉으로는 사과, 유감이라는 말을 쓰고 있지만 태도와 어투에서는 전혀 달랐다. 그들에게서 윤리적 부채의식 따위는 존재하지 않았다. 천주교정의구현사제단과 삼성의 싸움은 그렇게 허무하게 끝났다. 건곤일척의 승부를 기대했던 필자로서는 권력의 중심이 어디로 이동했는가를 확인한 쓰라린 경험이었다.

거대하게 성장한 민간 대자본

주류 운동이론은 삼성, 현대 등 한국의 재벌을 매판자본 등으로 묘사하는 경향이 있다. 매판자본이란 전근대적인 상인자본이나 권력과 유착된 기생자본을 일컫는 말인데 1980년대가 되면 이와는 차원을 달리 하는 양상이 나타난다. 삼성의 이병철 전 회장은 1983년 2월 일본 도쿄에서 반도체사업에 뛰어들기로 결심한다. 이른바 도쿄선언으로 알려진 이 선언이 있은 지 10개월 만인 1983년 12월 삼성은 미국, 일본에 이어 세 번째로 64KD램을 자체적으로 개발한다. 이 이후 삼성전자는 메모리 반도체 분야에서 세계적인 기업으로 성장한다.

1980년대 초반 진보진영 내에서는 중남미와 함께 한국경제는 거대한 차관에 의해 파국을 맞을 것이라는 예상이 지배적이었다. 그러나 1982년 멕시코 사태를 계기로 중남미가 IMF 관리체제에 편입된 반면 한국경제는 1986~89년 3저호황을 기회로 도약하기 시작한다. 3저호황이라는 외적 조건을 활용하여 한국경제가 비약할 수 있었던 것은 1983년 이병철의 결단과 같은 기술개발에 대한 집념이 있었기 때문이다.

1990년대 초반은 한국 자본주의 역사에서 중대한 분기점이 되었다. 미소냉전과 세계화 물결이 외적 조건이었다면 내적으로는 군부독재가 연성화되고 민간주도 경제가 본격적으로 개화되는 시점이었다. 이 시점에서 어떤 전략적인 판단을 내리는가는 이후 한국 자본주의의 판도를 바꿀 만큼 중요했다.

민간 대자본의 성장에 있어 이 시기는 또 한 번의 중요한 계기가 된다. 1993년 프랑크푸르트에서 이건희 회장은 '질'을 핵심으로 하는 신경영전략을 천명한다. 그 이전까지 한국의 재벌사는 양적 확장의 과정이었다. 군부는 차관과 국민의 저축을 소수 재벌에 몰아주고 재벌은 끊임없는 사업 확장으로 사세를 키워왔다. 그런데 질을 중심으로 경영하겠다는 것은 글로벌 시대, 무한경쟁에 맞서 기술과 브랜드로 승부하겠다는 전략이라고 볼 수 있다.[16]

한편 현대 정주영 회장은 북방개척에 뜻을 두고 1989년 방북하였으나 1990년대 초반 미국 주도의 동북아시아 질서가 모습을 드러내는 시점과 맞물려 좌절되었다. 또 정주영 회장의 1992년 대선 출마는 정치권의 통제를 받던 민간 대자본이 정치에 도전하는 상징적인 사건이었지만 1992년 시점에서 민간 대자본의 대권 도전은 아직은 성급한 것이었다. 김영삼 정부 내내 현대그룹은 몸을 낮춰야 했다. 이건희 회장의 질 경영에 대해 세계화 국면에 임하는 대자본의 태도를 극명하게 대비해 보여준 것은 대우그룹 김우중 회장의 양적확대 전략이었다. 김우중 회장은 '세계는 넓고 할 일은 많다'며 부채를 끌어들여 전통적인 방식의 사업 확장에 주력했다. 이들의 선택은 어떻게 되었을까?

정주영 회장의 남북경제협력·북방개척 전략은 성공하지 못했다. 정주영 회장은 소떼 방북에 이어 금강산 관광을 성사시키지만 현대그룹은 이른바 두 번에 걸친 '왕자의 난'으로 삼분되어 버린다. 남북경

---

16 이와 관련해 흥미 있는 자료가 있다. 삼성전자의 연구 인력은 2006년 현재 3만 1700명으로 이는 전체 직원 8만 3000명 중 38퍼센트에 달한다. 이 중 박사학위 소지자만 해도 3000명을 넘어선다고 한다. 삼성전자의 연구 인력은 2001년만 해도 1만 5000명이었는데 5년 만에 배를 넘어선 것이다(《한겨레》 2006년 12월 28일자).

제협력에 대한 정주영 회장의 유지를 이어받은 정몽헌 현대아산 회장은 2003년 특검수사가 목을 조여오던 순간 현대 계동 사옥에서 몸을 던져 목숨을 끊었다. 이는 남북경제협력을 추동할 정치적 환경이 조성되어 있지 않음을 보여주는 것으로 통일정세의 지체와도 맞물린 안타까운 순간이었다. 현대그룹의 분리과정에서 새롭게 태어난 현대자동차(정몽구)와 현대중공업(정몽준)은 세계화의 흐름을 타고 급발전한다. 정몽헌의 자살과 정몽구, 정몽준의 승승장구는 남북경제협력, 북방개척보다는 신자유주의 세계화가 정세의 보다 본질적인 힘이었음을 보여준다.

이건희 회장과 김우중 회장의 선택은 세계화에 따른 명암을 극명하게 보여준다. 김우중 회장의 대우그룹은 1999년 해체된 반면 이건희 회장의 삼성은 초고속질주를 거듭한다. [표 3-1]에 따르면 삼성그룹은 1992년과 비교하여 2002년 매출액은 4배, 세전이익은 66배, 시가총액은 21배로 성장한다. 무한경쟁 시대에 기술이 갖는 중요성을 잘 보여주는 양상이다. 식민지반자본주의의 매판자본론에 입각해서 이를 평가할 때 생산수단의 대부분을 해외에 의존하기 때문에 저임금 착취구조를 유지할 수밖에 없는 기형적인 자본이라고 볼 수 없다(삼성전자의 2004년 영업이익은 무려 12조 원이다).

[표 3-1] 삼성그룹 경영실적

(단위 : 조 원)

	1992년 말	2002년 말
매 출 액	35.7	137
세전이익	0.23	15.1
시가총액	3.6	74.8

또 한 번의 중요한 계기는 2003년 이후라고 볼 수 있다. 이 시기의 두드러지는 포인트는 첫째, 2002년 카드대란 이후 한국 대자본의 글로벌 성장 전략, 둘째, 밑으로부터의 역동적인 투쟁에 의해 성장한 노무현 정권과 대자본과의 관계다.

[표 3-2] 2003~08년 수출

(단위 : 억 달러)

	2003	2004	2005	2006	2007	2008
수출	1938	2538	2844	3255	3715	4220

※한국은행

[표 3-3] 수출 증가에 대한 각 요인의 기여율

(단위 : 퍼센트)

	세계경기 요인	환율 요인	경쟁력 요인
1990~97	37.8	27.8	34.4
1998~2005	50.6	8.8	40.6

※〈통상대국 한국의 위상과 진로〉, 삼성경제연구소, 2007. 2. 7

첫 번째 포인트는 수출의 약진으로 확인할 수 있다. 2004년 2000억 달러를 돌파한 지 2년 만에 3000억 달러를 그리고 또 2년 만인 2008년에 4000억 달러를 돌파하고 있다. [표 3-3]에 수출 증가의 요인이 나타나 있다. 1998~2005년 수출 증가의 요인은 세계경기 요인과 경쟁력 요인이 중심이고 환율 요인은 8.8퍼센트에 지나지 않는다. 이를 하나씩 분석해 보면 다음과 같다.

세계경기 요인이란 해당 시기 미국경제의 과소비와 중동, BRICs로 대표되는 신흥시장의 성장이다. 한국의 대자본은 이에 잘 적응하여 기록적인 수출신장을 기록했다. 2008년 미국의 금융위기가 본격화되면서 삼성전자, 현대자동차, 포스코 등 한국의 대표기업들이 어려움을 겪고 있지만 이는 이들 기업만의 문제가 아니라 세계적인 현상이다.

다음은 환율이다. 1986~89년 한국이 무역수지 흑자를 올릴 수 있었던 것은 1985년 9월 플라자 합의에 따라 발생한 엔고 때문이었다. 반대로 1995년 역플라자 합의에 따라 엔화가 약세로 돌아서자 달러에 고정된 동아시아 국가들이 일본 수출품에 대해 가격경쟁력을 상실하면서 동아시아 경제위기의 실마리를 제공했다. 이렇듯 환율은 한국 수출의 가격결정력을 좌우하는 핵심 요소였다. 그런데 1998~2005년 시기 환율은 수출에 불리하게 작동하고 있었다. 그럼에도 불구하고 수출이 급성장했다는 것은 환율과 같은 가격경쟁력이 아니라 기술과 브랜드 같은 원천적인 요인에 의해 경쟁력이 발생했음을 의미하는 것이다.

이를 반영하는 것이 [표 3-3]의 '경쟁력 요인'으로 1998~2005년 기간 수출 확대에 40.6퍼센트의 영향을 미친 것으로 되어 있다. 실제로 2007년 《포천》 글로벌 500대 기업에는 삼성전자가 46위를 차지하고 있고 한국 기업 14개가 올라가 있다. 같은 해 '인터브랜드'의 글로벌 100대 브랜드에는 삼성, 현대자동차, LG 등 3개 브랜드의 총 가치가 244억 달러로 나라별 순위가 8위다(〈외환위기 10년의 평가와 과제〉, 삼성경제연구소, 2007. 11. 14).

두 번째 포인트는 2003년 집권한 노무현 정권과 대자본 사이의 관계다. 전통 기득권층이 아닌 밑으로부터의 대중적 힘에 의해 권력을 장악한 노무현 정권에게는 두 가지 선택밖에 없었다. 밑으로부터의 대중적 힘에 기대어 전통 기득권층을 혁파하거나 순차적으로 기득권에 포섭·약화되는 것이다. 치명적이었던 것은 노무현 정권이 정권을 인수할 만한 자기준비가 너무 부족했던 점이다.

2003년 집권 초반부터 노무현 정권은 삼성이 제공한 논리구조를 차용했는데 국민소득 2만 달러시대론, 동북아중심국가론, 신성장동력개발, 혁신주도형경제, 산업클러스터, 한미 FTA 정책 등이 그러하다. "2003년 인수위 시절부터 한미 FTA 추진에 이르기까지 노무현 정부 핵심 정책 이면에는 삼성경제연구소의 보고서가 있고", 노무현 정부를 "삼성과의 연합정권"이라 부를 수 있을 정도였다(〈삼성공화국과 기로에 선 한국 민주주의〉, 진보정치연구소 프로젝트, 2007. 11). 이런 과정을 거쳐 노무현 정부는 2005년을 계기로 급속히 변질됐고, 이 과정에서 이정우, 정태인 등 개혁파 대신 김현종, 반기문, 한덕수 등 친미관료 등이 급부상한 것으로 보인다.

삼성전자, 현대자동차 등을 매판자본이라고 한다면 세계적인 범위에서 수입 수요가 급감하고 제국주의 본국의 경제가 위기에 처한 조건에서는 생존 자체가 어려울 것이다. 물론 삼성전자, 현대자동차, 포스코 등 한국을 대표하는 대자본 등이 어려움에 처해 있긴 하지만 이는 세계적인 기업 모두가 처한 현상으로 중소기업, 자영업 등이 놓인 상황과는 차원이 다르다. 미증유의 경제위기가 터진 조건에서 한국의 유력 대자본이 흔들리는 조짐은 없다. 이런 기업을 매판자본이라고 부르는 것은 이해하기 어렵다.

노무현 집권 이후 이헌재사단, 모피아, 김&장 등 파워엘리트 집단에 대한 분석이 유행하고, 이들에 대한 관심이 높아지고 있다. 이들은 이른바 회전문 인사 등을 통해 '재계-정계-관료집단'을 오가며 두터운 성채를 쌓아가고 있다. 이들은 미국이라는 수원水源이 사라진다고 해서 거품처럼 사라질 존재들이 아니다. 오히려 노무현 정권을 순화시키고 천주교정의구현사제단의 공격을 여유 있게(?) 돌파하며 민심의 화살을 교묘히 비켜가고 있다. 한국의 대중들은 미국의 군사력, 검경의 공권력 등 경성권력에 대한 오랜 반감과 저항의 전통을 갖고 있다. 그러나 세련된 글로벌 이미지로 무장한 채 은연 중에 파고드는 연성권력에 대한 경험은 일천하다. 김용철 변호사의 폭로에도 불구하고 국민 다수는 도덕적인 결함이 있긴 해도 삼성을 단죄하는 데 동의하지 않았다.

경제문제를 해결하겠다는 간명한 메시지로 대권을 쥔 이명박 정부는 경제위기가 심화됨과 함께 궁지에 몰릴 가능성이 크다. 향후 범보수진영은 박정희 같은 1인 체제, 미국에 의해 좌지우지되는 허수아비 세력이 아니라 미국과 함께 충분히 발전한 대자본과 보수엘리트 세력을 기반으로 하여 권력을 재편하려 할 것이다. 반면 주류 운동진영은 모든 권력이 미국에 의해 좌지우지된다는 20여 년 전의 패러다임에 갇혀 있다. 아타 사이의 역관계를 냉정하게 판단하는 것은 병법의 기본이다. 충분히 성장한 민간 대자본과 보수엘리트 체제에 대한 냉정한 분석과 대응이 절실한 시점이다.

과거에만 얽매인 학생운동

두 개의 연설

2006년 봄 어느 날 우연히 종로에서 학생대표가 연설하는 것을 듣게 되었다. 꽤 오랫동안 이어진 연설은 지루하고 장황했다. 요약하자면 '역사… 민중… 조국… 애국… 민족… 청년학생… 그리고 투쟁….' 대충 이런 내용이었다. 한마디로 무슨 이야기를 하려고 하는지 잘 모르겠다. 또 이 학생의 연설에서 느낀 점은 무언가를 가르치려 한다는 것이다. 학생운동에 대해 애정을 갖고 있는 필자가 보기에도 거슬리는 말투였는데 일반 시민들이 보기에는 더욱 그랬을 듯싶다. 과연 2006년 서울 도심지에서 이제 23~24살쯤 되었을 학생대표가 무언가를 가르칠 만큼 아는 게 있을까? 학생들의 언행은 20년 전 1980년대 중반에 갖다 놓으면 안성맞춤이었다. 실제로 그들은 20년 전 자신들이 태어날 무렵 선배들이 했던 행동거지를 20년이 지난 지금 되풀이하고 있다. 이런 것을 두고 원칙의 고수나 전통의 계승과 같은 미사여구로 포장할지는 몰라도 필자에게는 자신의 세대에 맞는 문화와 세계관을 갖지 못한 불구화된 집단처럼 보였다.

그러던 중 2007년 이랜드 싸움 과정에서 지방에서 올라온 학생의 연설을 듣게 되었다. 이 학생은 자신의 어머니도 비정규직이고 어머니가 자신을 가르치기 위해 어떻게 고생하셨으며 지금의 처지가 어떠한가를 솔직하게 말했다. 구체적인 사실이 주는 호소력과 감동이 있다. 애써 무언가를 간절하게 전달하려는 모습에서 사랑스럽고 기특하다는 생각이 들었다. 학생의 연설치고는 오랜만에 들어보는 인상 깊은 발언이었다.

이 두 가지 연설이 주는 차이는 대학생 사회의 변화를 함축적으로 보여준다. 무엇이 달라졌을까?

대학생은 더 이상 특권층이 아니다

1987년 6월항쟁 당시 전체 대학생은 20퍼센트 대였다. 전체 사회에서 상당한 지적 수준을 갖는 인텔리층이었고 서울대, 연고대 등 명문대학이 주도하고 있었던 만큼 사회적인 영향력은 보다 컸다. 당시 대학생은 거리의 시민들에게 전해주고 싶은 자기만의 무엇을 가지고 있었다. 1984~86년만 해도 광주항쟁의 진실을 정확히 아는 사람은 많지 않았다. 그러나 필자의 경우만 해도 2~3학년 무렵 12.12에서 5.18에 이르는 전 과정을 세심한 부분까지 알고 있었고 신문에 보도되지 않거나 외신난에만 나오는 희귀하고 명확한 증빙자료를 갖고 있었다. 그렇기에 우리는 거리에 나갔을 때 사람들에게 외치고 싶은 무언가가 있었고 경찰들은 학생들의 주장이 시민들에게 전달되는 것을 막고자 했으며 시민들은 우리들의 주장을 반신반의하거나 놀라워했다.

물론 당시 학생들에게도 시민들의 눈살을 찌푸리게 하는 무리한 측면이 적지 않았다. 원래 학생이란 그런 것이다. 그럼에도 불구하고 학생들의 대담하고 저돌적인 저항은 1980년대 중반 전두환 철권통치에 맞서 민주화 투쟁을 선도하는 데서 주요한 역할을 담당했다. 우여곡절과 공과는 있지만 해당 시기 역사에서 꼭 필요한 무엇인가를 했다는 뜻이다. 그런데 지금도 그럴까?

2009년 현재 대학생은 같은 나이 또래의 82퍼센트 수준이다. 지금은 거의 대다수가 대학생이거나 그 수준의 학력을 가지고 있다. 대학생이 희귀한 존재거나 여타 사회집단에 비해 우수한 지적 자원이나 정보를 갖고 있지 않은 것이다. 반면 그들이 연설을 통해 설득하려는 대상은 대학생들에 비해 풍부한 사회경험과 지적능력을 가지고 있다. 우리나라의 30~40대는 정치에 관심이 많고 정치적 격변을 겪어왔기 때문에 다른 나라의 중년층에 비해 높은 정치의식을 갖고 있다. 농담으로 한국의 택시 안에서는 중국 공산당원 수준의 정치토론이 벌어진다고 하지 않던가?

오히려 지금의 대학생들은 30~40대의 투쟁으로 획득된 민주주의 공간에서 순탄하게 자란 세대다. 그들이 겪었을 법한 고통은 1997년 IMF 이후의 경제적 문제일 텐데 이는 1980년대 중반 군부독재의 억압에 따른 공포 분위기와는 차원이 다른 문제였고 무엇보다 30~40대보다는 대학생들 본인에게 더 심각한 문제로 다가왔거나 다가올 문제였다. 여러모로 학생들의 발언이나 연설을 듣다 보면 저 친구들이 무언가 단단히 착각하고 있다는 생각이 들곤 했다.

84학번인 필자는 1학년 때를 제외하고는 거의 수업에 들어가지 않았다. 당시 학교 분위기가 그랬다. 불가피한 경우도 있었지만 학교 분위기가 그랬으니 덩달아 그랬던 측면도 많았다. 그래도 졸업 후 대부분이 좋은 직장에 취직할 수 있었다. 필자가 졸업할 당시만 해도 공무원 시험 준비를 하는 것은 조금 이상한 선택이었다. 민간 대기업에 워낙 좋은 직장들이 많았기 때문이다.

그러나 지금 대학생들은 취업 준비에 바쁘다. 그들의 고통을 직접 체감하기는 어려워도 수치로 그 고통의 정도를 미뤄 짐작할 수는 있다. 2003년, GDP는 3.1퍼센트 성장했는데 취업자 수는 3만 1000명 줄어들었다. 심각한 저성장이긴 했지만 어쨌든 3퍼센트 대의 성장을 이룬 상태에서 취업자 수가 줄어들었다는 것은 우리 사회가 더 이상 '성장과 고용'이 함께 가지 않음을 보여주는 것이다. 학생들에게 더욱 불리했던 것은 IMF 이후 대기업이 고용을 늘리지 않고 경력직을 중심으로 채용하기 시작한 점이다. 이로 인해 노무현 정권 이후 청년실업 문제는 심각한 사회적 문제로 비화되고 있었다.

1987~97년 민주주의의 확장과 내수 팽창으로 이 시기 대학을 졸업한 청년세대는 좋은 직장과 안정적인 보수를 누릴 수 있었지만 1998년 IMF 이후에는 그러한 가능성이 빠르게 닫히고 있었다. 따라서 정확히 말하자면 1987년 6월항쟁에서 승리하여 민주주의와 좋은 직장을 얻은 386세대가 민주주의를 보다 심화시켜 고용문제를 해결하자고 아랫세대에게 연대의 손길을 내밀어야 하는 게 올바른 방향이다. 즉 학생에서 시민이 아니라 386세대에서 학생으로가 올바른 연대의 방향인 것

이다. 그런데 왜 특별한 지적자원도 가지고 있지 않고 사회적 경험도 별반 없는 대학생들이 정작 자신과 동료들의 처지를 돌아보지 않고 한사코 거리로 나오려고 했을까? 이는 자신들이 '선봉대'라고 착각하고 있었기 때문이다.

학생대중과 함께 하지 않는 학생운동

일반적으로 청년세대는 한 사회의 미래를 책임지고 있는 집단이다. 따라서 청년세대는 어느 사회에서나 귀중한 존재이고 선구자적인 역할을 하게 마련이다. 그런데 주류 운동이론에서 학생들을 선봉대라고 할 때는 독특한 사회역사적 맥락이 있다.

봉건사회에서는 근대화, 산업화 수준이 낮기 때문에 사회 전체로 보면 학생, 인텔리들은 대단히 희귀한 존재이지만 사회가 낙후해 있기 때문에 제대로 된 대접을 받지 못한다. 심지어 "언론, 교육, 기술, 문화예술 분야에 종사하는 지식인들의 직업을 국가적으로 보장하며 그들의 생활을 안정시킨다"는 강령도 있다. 봉건사회의 주인은 지주, 귀족 등인데 이들의 의식은 낙후하고 전근대적이었으며, 이러한 의식에 따라 사회도 발전하지 않았기 때문에 지식인들은 제대로 된 직장과 대우를 받지 못했다. 따라서 봉건사회에서는 지주계급이 대를 이어 부와 권력을 축적한 반면 신문물과 선진사상을 취득한 학생, 인텔리들은 이들의 이해에 복무하거나 이들과 거리를 둔 채 빈곤한 삶을 살아갈 수밖에 없었다. 이러한 학생들의 독특한 처지를 반영하고 정식화한 것이 '청년학생론'으로 이는 운동대중화에 결정적으로 기여했다. 그러나 자본주의가 보다 발전한 2009년 현재의 상황은 어떠할까?

전근대적인 지주계급은 소멸했고 매판자본은 최신의 정보와 기술로 무장한 대자본으로 변신했다. 삼성, LG, SK 등은 대학생은 물론 진보진영 전체와 비교해도 보다 앞선 최신의 정보와 문화를 체현하고 있다. 더구나 자본주의가 발전하면서 이들 대기업과 공조직이 인텔리 집단 중 우수한 인자들을 빠르게 흡수하고 있다. 학생·인텔리 집단이 사회 전체에 비해 선진적인 문물과 사상을 가지고 있는 반면 이를 수용할 수 있는 사회적 기반이 형성되지 않았던 일제시대와는 다른 사회가 된 것이다.

한편 대학생들을 옥죄고 있는 취업문제 또한 전혀 새로운 양상을 띠게 되었다. 봉건사회에서의 실업은 자본주의화, 근대화가 덜 되어 발생하는 문제, 즉 실업 해결을 위해서라면 공장을 짓고 도로를 건설하면 되는 문제였으나 지금의 실업은 자본주의화가 워낙 발전해서 생긴 문제로 공장을 짓고 기계를 들여온다고 고용이 늘지 않는다. 이는 자본주의의 발전수준이 워낙 높은 단계로 접어들어 기계나 장비의 수준이 높아졌기 때문이다. 봉건사회나 자본주의가 기형적으로 발전한 사회의 고용문제는 생산력을 발전시키면 해결되지만 자본주의가 고도로 발전한 사회의 고용은 사회적 관계를 근본적으로 재편해야 해결되는 문제다. 즉 고용에 얽힌 모순의 깊이와 강도가 현저히 달라진 것이다.

이런 상황에서 학생운동 진영은 학생대중의 처지와 조건에 따라 그들의 참여와 동참을 이끌어내려는 노력 대신 한사코 거리로 나와 시민들에게 무언가를 주장하려 했고 기성세대에게 자신의 처지를 알리고 그들에게 동참과 연대를 호소하기는커녕 그들을 가르치려 했다. 이 어설픈 시도로 인해 학생대중으로부터 지지와 신망을 잃었고 시민들로부터는 냉소적인 반응을 불러왔다.

학생운동사의 재구성

학생운동사를 재구성해보면, 1984~92년을 학생운동의 활성기·전성기, 1993~2006년을 신자유주의의 전면화기, 그리고 2007년 이후로 나눠볼 수 있다. 또 신자유주의의 전면화기는 다시 1993~96년, 1997~2002년, 2003~06년으로 나눠볼 수 있다.

1993년 이후는 한국사회에서 신자유주의가 대학사회에 서서히 파고들 무렵이다. 1995년 '5.31 교육개혁안' 이후 학부제, 대학설립자유화 등 일련의 조치들이 학생사회 전반을 빠르게 바꾸고 있었다. 또 민주화투쟁으로 단련된 선배세대들과는 달리 1990년대 중반 세대들은 민주화의 성과를 바탕으로 하여 정보통신문화의 발달, 자유주의와 개인주의의 확산 등 새로운 시대정서를 내면화하고 있었다. 여러모로 새로운 시대적 감각과 노선이 필요했다. 앞서 지적했던 것처럼 연대사건이 1986년 건대사건과 달리 심각한 사회적 고립을 면치 못했던 것은 이러한 시대적 괴리 때문이다.

1997~2002년은 학생사회에서 좌편향이 주도하는 가운데 학생 내부의 혁신노력이 좌절된 시기였다. 불행했던 것은 1998년 이후 학생운동의 객관 여건이 뚜렷이 호전되고 있는 상황에서 이를 뒷받침할 사상이론적 혁신이 이뤄지지 못한 점이다. 김대중-노무현 정권의 출범,

6.15공동선언과 통일정세의 급진전, 월드컵-촛불시위 등 시대를 바꾸
어놓을 만한 역동적인 대중투쟁, 국공립대를 중심으로 한 과도한 등록
금 인상 등 학생사회를 혁신적으로 재구성할 수 있는 상황에서 학생운
동권은 고질적인 분파싸움과 상투적인 대응으로 역량을 소진하고 말
았다. 특히 '월드컵-촛불시위-2002년 대선' 등 청년층의 역동적인 에
너지가 분출되는 과정에서 학생운동 진영이 그에 상응하는 전망과 실
력을 보여주지 못한 점은 치명적인 한계였다.

　돌이켜보면 결정적인 문제는 학생운동 내부에서 새로운 사회에 걸맞은 전망
을 갖는 주체적인 집단이 출현하지 못하고 서클로 구획된 운동질서 속에서 20여
년 전 학생운동의 정서와 문화를 간직하고 있는 선배들의 영향력에 의존한 것
이었다. 시대의 과제는 그 시대의 모순을 짊어진 당사자들에 의해 제기
되고 해결되는 것이다. 대중운동이란 대중 스스로가 자신의 문제를 해
결해가는 주체적인 과정이지 누가 대신 해결해줄 수 있는 문제가 아닌
것이다. 2004년 이후 학생운동권은 대책 없이 무너져 내렸다. 뉴라이
트가 학생사회에서 빠르게 영향력을 확대하는 가운데 그나마 몇 되지
않는 학생운동권은 끊임없는 이합집산으로 역량을 소진해버렸다.

학생운동은 부활할 수 있을까

　2008년 이명박 정부의 출범과 촛불시위로 한국의 청년세대는 새로
운 전기를 맞고 있다. 그런데 기존 운동진영과는 노선과 체질, 문화적
감수성이 다른 세대가 상황을 주도하고 있다는 점이 중요하다. 반면
주류진영의 세례를 받은 학생운동 진영은 사상이론적인 독창성, 주체

적인 태도와 적극성, 동세대와의 공감대 등에서 현저히 떨어진다.

숫자의 많고 적음보다 본질적으로 중요한 것은 시대와의 호흡이다. 시대와 맞지 않는 집단은 도태되게 마련이다. 2008년의 촛불세대가 20년 전 386세대와 명확히 다른 것은 의제의 중심이 고용과 등록금과 같은 경제적 문제라는 점, 개인주의와 집단적 활력이 조화를 이루고 있는 점, 질서정연한 일방향의 조직문화가 아니라 수평적이고 쌍방향의 문화를 갖고 있는 점 등이다.

시사주간지 《시사IN》 2008년 12월 13일자에는 2008년 상반기 촛불 시위가 대학 총학생회 선거에 미친 영향과 관련하여 흥미 있는 분석기사를 싣고 있다. "올해도 대학 총학생회를 관통하는 '대세'는 무관심"이었지만 흥미 있는 '소세小勢'가 나타났다고 하면서 다음의 네 가지를 지목한다. 첫째 운동권의 부활조짐, 둘째 비운동권의 운동권화, 셋째 뉴라이트의 몰락, 넷째 학생들의 참여열기의 확산이다. 흥미 있는 것은 운동권과 비운동권의 운동권화를 가름에 있어 "등록금 투쟁 등 학내투쟁도 하고 촛불집회 등 사회참여도 하는 비운동권 총학생회와 기존 운동권의 유일한 차이는 '족보'가 있느냐 없느냐 하는 것"이고, 비운동권 총학생회도 "이제 매년 자신들을 계승하는 총학생회 후보를 당선시켜 노선을 계속 유지한다"고 쓰고 있다(강조 필자).

2003년 학생운동의 혁신노력이 결국 좌절하면서 2004년 이후 학생운동은 각개약진의 시기로 접어들었다. 이 시기 주류 학생운동 진영은 시대에 맞는 자신의 노선과 정책을 생산하기보다는 선배들에 기대어 명맥을 유지했다. 이것이 내용도 별반 없는 족보 있는 운동권의 실체다. 한편 족보의 원천이 되었던 선배들은 시대에 맞는 노선과 정책을 세우도록 도와주기보다는 자신의 계보로 몇 되지도 않은 학생들을 줄 세우기에 여념이 없었다. 이로 인해 주류 학생운동의 명맥은 유지되었지만 월드컵, 촛불시위, '88만원 세대' 등과 함께 호흡하면서 동시대를 선도하는 사상과 문화적 감수성은 만들어내지 못했다.

동시대의 과제는 이를 체현한 집단에 의해 제기되고 그들 자신의 각고의 노력과 투쟁에 의해 해결되는 것이다. 실업과 등록금으로 고통받는 이 땅의 20대 또한 마땅히 그 길을 걸어야 한다. 중요한 것은 사람의 숫자가 아니라 시대적 과제를 정면에서 받아 안고 이를 돌파하고자 하는 포부와 통찰력이다. 이것이 있다면 숫자가 적어도 사는 것이고 족보나 들이대며 숫자를 과시하는 집단은 버림받을 것이다.

시대의 과제가 너무 버거운 농민운동

2002년과 2008년 두 개의 시위

2002년 11월, 한국 사회운동 역사상 가장 경이적인 싸움이 벌어졌다. 30만 대항쟁으로 불리는 농민들의 서울 상경투쟁은 연인원 13만 명을 서울로 불러올렸다. 끝이 보이지 않는 관광버스의 행렬이 서울 일대를 뒤덮었고, 모든 인원이 한꺼번에 행사에 참여할 수조차 없었다. 그만큼 10만이 넘는 인원은 엄청난 것이다. 1년에 걸친 치밀한 준비, 쌀 개방에 얽힌 농민의 절박한 요구, 대통령 선거와 맞물린 정치 일정 등이 잘 어우러져 일상적인 시기(4.19, 6월항쟁 등이 일종의 비상시기라고 한다면)에 진행된 사회운동의 조직되고 계획된 투쟁으로는 사상 최대 규모의 싸움이었다. 그러나 돌이켜볼 때 이 싸움은 욱일승천하는 농민대중의 진출을 만방에 드러내는 사건이기보다는 농민계급의 퇴조를 알리는 사건이 아니었을까?

2006년 11월, 이번에는 각각 수만 명의 농민시위대와 수천 명의 노동자·사회운동 대오가 연합한 대규모 집회가 광주, 대구 등 전국 각지에서 개최되었다. 한미 FTA에 반대하는 이 싸움의 최종 목표지는 서울이 아니라 전국 각지의 도청 소재지였다. 2003~06년 상반기까지 수도 없이 벌어진 수도권 상경투쟁과는 판이한 양상이 벌어졌다. 전자가 오랜 시간과 노력을 들여 서울에 상경해 한풀이와도 같은 원한을 표출하는 양상이었다면 후자는 빈약한 도청 소재지의 공권력을 구체적이고 실질적으로 압박하여 위력을 과시했다. 지방에서의 이 놀라운 투쟁은 농민들의 싸움이 어디서, 어떤 형식으로 진행되어야 하는가를 잘 보여주었다.

2008년 봄 이명박 집권과 함께 수십 일이 넘는 대규모 촛불시위가 서울광장을 뒤덮었다. 아이러니하게도 이 시위의 주요 이슈는 '광우병 위험이 있는 미국산 쇠고기 반대'였다. 2년 전 한미 FTA 당시 농민대중이 애타게 외쳤던 구호가 2년 후 뒤늦게 서울거리를 뒤덮고 있었다. 그러나 방향과 결과는 달랐다. 서울의 시민들이 외쳤던 것은 미국산 쇠고기 수입에 맞서 한국 '축산농가의 생존권'을 사수하자는 내용이 아니라 미국산 쇠고기에는 광우병 위험이 있으니 '국민건강권'을 지키기 위해 수입을 중단해야 한다는 것이다. 1년 넘게 줄기차게 진행되었던 농민들의 싸움은 여론을 흔들지 못한 반면 도시민의 시위는 이명박 집권 초기 정권기반을 뒤흔들 정도로 위력적이었다.

2003~06년의 농민투쟁과 사회역사적 한계

2003년 이후 2002년의 여세를 몰아 강력한 농민투쟁이 매년 벌어졌다. 그리고 농민들의 이 싸움은 학생운동과 노동운동이 침체한 가운데 전체 운동의 활력을 불어 넣는 중요한 대중 정치투쟁이었다.

2003년 9월에는 멕시코 칸쿤에서 벌어진 WTO 각료회의에 대규모 원정단이 참가해 위력을 과시했고 이 자리에서 이경해 씨가 자결했다. 또 한칠레 FTA를 반대하는 시위가 2003년 내내 서울도심을 장악했다. 2005년의 주요 이슈는 쌀시장 개방이었다. 찬바람 이는 겨울거리에서 전용철 씨, 홍덕표 씨가 경찰의 폭력진압으로 살해당했다. 2006년은 단연 한미 FTA였다. 한국과 미국을 오가며 진행된 협상시점마다 대규모 집회와 시위투쟁이 줄을 이었고 그 대부분을 농민대중이 메웠다. 농민들은 2003~06년 동안 멕시코와 홍콩 원정, 수를 헤아릴 수 없을 정도로 많은 서울 상경투쟁, 전농·한농연을 포함한 다종다양한 농민 단체들의 연대 등 할 수 있는 노력은 다했다.

그럼에도 왜 목적을 달성하지 못했을까? 필자는 2006년 한미 FTA 투쟁 당시 범국민운동본부의 공동정책팀장이었다. 공동정책팀장으로 일하면서 가장 안타깝게 여겼던 것은 대도시 여론이 한미 FTA에 대해 애매한 태도를 취하고, 농민들의 저항에 연민(?) 이상의 감정을 갖고 있지 않은 점이다.

나는 설사 당장 협상에 대응을 못하는 한이 있어도 농민들을 서울로 불러 올려 서울의 여론을 움직이려는 일련의 전술기조에 비판적이었다. 어쨌든 서울은 서울이다. 서울사람들의 마음은 서울사람들의 정서와 요구에 기초하여 서울의 운동진영이 움직여야 할 문제지 지방의 운동역량을 서울로 불러 올려 해결할 문제가 아니라고 보았기 때문이다. 시간이 지나면서 나는 농민들의 힘으로는 어쩔 수 없는 한계가 있다고 생각했다. 그리고 그동안 운동진영의 전략전술에 심각한 결함이 있다고 판단했다. 이제부터는 이에 대해 언급해보기로 하겠다.

먼저 지적할 것은 인구분포다. 통계청 자료에 따르면 2005년 현재 전체 인구 가운데 동洞 단위(도시)에 거주하는 인구는 3834만 명이고 읍과 면(대체로 농촌)에 거주하는 인구는 870만 명이다.[17] 한마디로 한국은 이미 다른 판단의 여지가 없을 정도로 명백한 도시 중심의 사회다. [표 3-4]에서 보듯 더욱 심각한 것은 가장 활동적인 인구층인 20~30대는 54만 명에 지나지 않는다는 점이다. 이런 수준이라면 농민대중의 힘만으로 농민생존권을 지키는 것은 불가능하다. 특히 대도시의 엘리트집단이 노골적으로 반농민적인 정서를 가지고 있는 조건에서는 더욱 그렇다.

다음으로 중요한 것은 2003~06년의 시기의 사회경제적인 조건이다. 2003~06년의 시기는 2000~01년 미국의 IT 거품이 무너진 후 미 행정부가 부동산 거품을 통해 경기를 부양하던 시기와 일치한다. 이로 인해 한국경제는 미증유의 수출고를 올렸고 주식과 부동산 광풍이 도시를 휩쓸었다. 대도시민에게 있어 그까짓 농산물이야 반도체나 핸드

[표 3-4] 2005년 농가인구 중 연령별 분포

(단위 : 만 명)

19세 이하	20대	30대	40대	50대	60대	70대 이상
49.3	29.2	24.8	44.7	60.0	76.1	59.1

※ 통계청

---

[17] 2005년 농촌인구 343만 명 중 동에 거주하는 인구는 67만 명, 읍에는 64만 명, 면에는 212만 명이 거주하므로 동 단위에 거주하는 농가인구는 무시해도 좋다.

폰을 팔아 해결하면 그만이고 주식과 부동산으로 짧은 시간에 수억 원대의 자산소득을 올릴 수 있는 조건에서 소박한 농민은 무의미해 보였을 것이다. 이러한 사회경제적 조건 때문에 농민들이 벌이는 서울 상경투쟁에 대해 동정은 해도 시대를 거스르는 '러다이트' 운동(산업혁명 당시 노동자들의 기계파괴운동)쯤으로 폄하하곤 했다. 실제로 필자와 운동을 함께 했던 학교 동기가 농민들의 싸움을 이렇게 평가했다.

이로 인해 수다한 서울 상경투쟁은 특별한 성과 없이 일과성 투쟁으로 끝난 반면 여전히 농민적·농촌적 이해가 남아 있는 지방을 중심으로 전개된 투쟁은 배후의 지지여론을 배경으로 하여 위력 있는 투쟁이 가능했던 것이다.

노농동맹, 서울 상경투쟁, 농민의 지위와 농민생존권

그렇다면 2003~06년 시기 왜 서울 상경투쟁을 고집했을까? 여기서는 서울 상경투쟁을 비롯해 전통이론에서 도출되는 노농동맹과 농민생존권 문제의 해결방향 등까지 폭넓게 논의를 이어가보겠다.

노농동맹은 사회변혁운동에서 유서 깊은 운동전략이다. 자본주의화가 진척되면서 도시노동자 계급이 핵심 동력이 되기는 했지만 여전히 대부분의 나라에서 압도적인 인구를 차지하고 있는 것은 농민이었다. 따라서 어떠한 집단이든지 농민의 지지를 받지 않고서는 승리할 수 없었다.

주류 운동전략 또한 노농동맹의 한 전형을 보여준다. 자본주의화가 진행되지만 민족적 모순으로 인해 봉건적 모순이 온존하여 농민이 도시노동자로 흡수되지 않고 이들이 필연적으로 농촌에 광범위한 농민 집단으로 남게 된다고 보는 것이다. 이것이 노농동맹을 주창하고 도시 노동자와 농촌의 농민이 합세하여 서울을 포위해야 한다고 보는 전민 항쟁의 근거다. 지금도 농민운동과 진보진영에서 노농동맹을 주장하고 서울 상경투쟁을 고집하는 이유가 여기에 있다.

이러한 판단과 노선은 1980년대만 해도 그런대로 유효했다고 볼 수 있다. 1980년 당시 농민인구는 1000만 명 수준이었고 1990년만 해도 700만 명을 유지하고 있었다. 그러나 2008년 현재 농민인구는 180만 명(농가인구 전체가 320만 명) 수준이다. 이에 비해 노동자의 숫자는 1600만 명이고 도시자영업자가 600만 명 정도이며 전국의 대학생 숫자만 300만 명이다. 이것은 자본주의화가 보다 진척되어 농촌에서 도시로의 이농이 거의 마무리 단계에 접어들었음을 의미한다. 이러한 도시화의 진전은 전 세계적인 현상으로 나라마다 차이는 있지만 전체적으로 도시인구가 농촌인구를 앞지르고 있다. 따라서 자본주의화가 진척되어 노동자계급이 역사의 주동력이지만 여전히 농촌인구가 많이 남아 있기 때문에 노농동맹이 중요하다는 식의 사회운동 전략은 재고되어야 한다.

이를 운동전략의 관점에서 검토해본다면, 이전 시기에는 자본주의의 기형적·파행적 발전이 농민인구의 광범위한 퇴적이라는 형태로 남았지만, 이제는 자본주의의 기형적·파행적 발전(신자유주의의 노동배제적 고용정책)으로 기업, 특히 대기업과 공공기관에서 고용해야 할 인원이 제한되고 여기서 배제된 사람들이 도시자영업자로 전락했다고 볼 수 있다. 따라서 어제의 농민이 오늘의 자영업이라는 지적은 대단히 타당한 분석이다(김병권, 〈비정규직에서 자영업으로 확대되는 양극화의 고통〉, 새사연, 2008. 8. 25).

모든 사회이론이 그렇듯 노농동맹도 사회역사적인 맥락을 가지고 있다. 노동자 1600만 명, 농민 180만 명, 도시자영업자 600만 명인 조건에서 노농동맹을 중심으로 민중 전체를 설명하는 것은 아귀에 맞지 않다. 오히려 노동자와 민중 그리고 농민이라는 분석이 상황에 부합한다. 서울 상경투쟁도 마찬가지인데 이미 서울로 다 올라간 조건 그리고 도시적 정서가 전 사회적으로 내면화한 조건에서 공권력이 밀집되어 있는 서울 상경투쟁을 고집하는 것은 시대와 맞지 않는 전술이다. 이제 농민만으로는 농민생존권을 지킬 수 없다. 따라서 농민들은 마땅히 농업과 농촌이 농민만의 문제가 아니라 범국민적인 이해와 연결되어 있음을 설파해야 하며, 소비자인 도시서민과 연대하려는 노력을 적극 기울여야 한다. 2007년 이후 본격화된 국민농업으로의 방향 전환은 이런 문제의식을 담고 있다.

국민농업의 방향 전환이 갖는 운동적 함의는 첫째, 노농동맹과 같은 계급적 차원의 연대가 아니라 생산자와 소비자 사이의 연대, 지방자치체를 활용한 공공급식 등 지역공동체 강조, 도농 네트워크 중시 전략으로의 방향 전환을 함축하고 있다. 둘째, 같은 맥락에서 저임금, 저곡가와 같은 계급적 요구를 넘어 친환경 유기농, 지역공동체의 발전 등 도시 소비자와 호응할 수 있는 새로운 요구가 발전해야 함을 뜻한다. 셋째, 서울은 이미 포화상태에 빠진 대도시 민중에게 맡겨 두고 서울 상경투쟁이 아니라 지방과 농촌공동체를 변화시키려는 노력이 중요함을 의미한다.

돌이켜보면 지난 시기 우리는 농민대중에게 너무 많은 짐을 지웠다. 2003~06년 전체 운동을 농민이 주도했다는 것은 한국 사회운동의 낙후함을 보여주는 것이다. 노동운동과 학생운동이 응당한 자기 역할을 못한다면 그에 맞는 노선과 정책을 수립하여 해결해야 한다. 당장의 투쟁이 급하다고 농민대중에게 무리한 투쟁을 강요한 것은 농민운동과 노동자·학생운동 모두에 부정적인 결과를 낳았다.

2008년 상반기 촛불시위가 타올랐을 때 대도시, 특히 수도권의 정서가 2003~06년 투쟁을 주도했던 집단, 세력과 역사적·문화적·사상적 맥을 달리 하고 있는 점은 대단히 심각한 문제다. 촛불시위 공간 그리고 그 이후 서울에서 민주노동당에 비해 진보신당이 더 큰 지지를 얻고 있는 것도 같은 맥락이다. 언제나 중요한 것은 모순이 집중되고 새롭게 발흥하는 세력에게 힘을 집중하는 것이다.

2003~06년 농민운동이 주류 운동진영을 주도했던 것은 대도시가 주식, 부동산 등 투기심리에 현혹되어 있었기 때문이다. 그런데 2007년 미국의 금융위기가 시작되면서 새로운 양상이 나타나고 있다. 미국의 금융위기는 여러 측면에서 판단할 수 있지만 핵심적인 원인 가운데 하나는 '미국-중국'의 세계적인 불균형이다. 미국의 과소비와 맞물려 중국의 에너지, 자원, 식량에 대한 엄청난 수요가 2008년 상반기 일시적인 달러약세 국면에서 에너지·자원·식량가격 폭등으로 나타났다. 한국의 경우 워낙 에너지문제가 컸기 때문에 식량문제가 경시되었지만 전 세계적으로 보면 식량취약국을 중심으로 심각한 사회문제가 발생했었다. 이러한 사실은 1970년대 녹색혁명으로 식량문제가 해결되는 듯했지만 2000년대 이후 물부족·지구온난화 등의 기후변화, 식량의 무기화 등 새로운 차원의 식량자급 문제가 제기되고 있음을 보여준다.

통일농업과 농활에 대해

농민운동이 전략적인 방향으로 통일농업을 말하는 것은 적절치 않다. 과도적으로, 남에 남아도는 쌀을 북에 주어 공동의 이익을 도모할 수는 있다. 이런 수준이라면 전술적인 차원에서 농민이 벌이는 통일운동의 한 고리일 수 있다. 하지만 위기에 처한 한국농업이 가야 할 전략적인 방향은 아니다. 식량은 워낙 전략적인 필수자원이라 북의 입장에서도 식량문제를 남에 의존하지는 않을 것이다.

농활도 마찬가지인데 이제는 학생들의 농활을 재고할 필요가 있다. 이는 학생운동에도 별 도움이 되지 않고 농민운동의 장기적 지향에도 바람직하지 않다. 도시 소비자와 여러 방면의 네트워크를 강화하거나 인근 광역시의 학교, 공공기관 등과 연계하는 것이 유익할 것이다. 학생운동의 경우 농민운동과 연대한다는 전통적인 차원이 아니라 학생운동의 조직화 수단으로 농활을 유지하려는 경향이 있는데 이는 이해는 되지만 일종의 편법이다. 지금의 학생운동은 편법을 고수하기보다는 정공법으로 상황을 돌파하는 것이 옳다.

고도 자본주의에 포섭되거나 배재되는 노동자

1987년 6월의 경험

1987년 6월 18일 서울지역 대학생들의 연합시위는 명동 주변을 중심으로 기획되어 있었다. 그러나 6월항쟁을 수놓았던 명동 일대의 화이트칼라 대열은 명동지역 상권이 대부분 철시하면서 거리에서 보이지 않았다. 물이 사라진 곳에서 물고기가 놀 수 없는 법, 6월 18일 낮의 시위는 대체로 평온하게 마무리되었다. 어떻게 거기까지 가게 되었는지는 잘 모르겠다. 필자는 저녁 무렵 동대문운동장 근처에서 수만 명이 참여하는 시위에 참가하고 있었다. 도로를 점거하지는 못했지만 인근 시장 소상인들이 거리를 가득 메웠고 사람들의 참여와 열기는 점차 고조되고 있었다. 나중에 안 일이지만 영등포 일대에서도 비슷한 규모, 비슷한 양상의 시위가 벌어졌고, 서울 주변의 도시들인 안양, 부천 등에서도 시위대열은 점차 학생과 화이트칼라에서 소상인과 노동자로 변해가고 있었다.

흔히들 6월항쟁의 주역을 학생과 화이트칼라로 한정하는 경향이 있는데 이는 6월항쟁 초반의 일이다. 6월 18일을 전후하여 현장의 시위대열 구성은 확연히 변하고 있었고, 필자 또한 이를 분명히 체감할 수 있었다. 그들의 목소리가 6월항쟁에서 지워진 것은 그들이 충분히 자기 목소리를 내기 전에 정치적 타협이 이뤄졌기 때문이다.

7~9월 노동자 대투쟁

학생들이 6월항쟁의 성과를 모아 전대협(전국대학생대표자협의회)을 건설하는 방향으로 전진할 무렵 노동자들의 진출이 시작되었다. 7월 초 울산에서 시작된 노동자들의 투쟁은 창원, 마산, 거제를 거쳐 수도권으로 북상했고 8월 18~19일 울산 현대그룹 노동자들의 연합시위로 절정에 이르렀다. 노동자들의 요구는 간단했다. 노동조합 건설, 임금인상과 근로조건 개선. 노동자들이 내건 구호보다 중요한 것은 그것이 갖는 사회역사적 맥락이다. 오랜 군부통치 아래에서 숨죽였던 노동자들은 자신의 자주적인 대표조직을 건설하고 자신의 처지와 조건을 스스로 개척하겠다고 주장한 것이다. 주장 자체는 온건하지만 한국사회의 기득권구조를 정면에서 공격하는 비수와 같았다. 대중적이고 강인하며, 치열하고 조직적인 싸움, 수십 년 겹쌓인 한을 풀어내는 노동자들의 투쟁은 지난 수년간 전두환 정권과 간단치 않은 싸움을 벌여왔던 우리들에게도 놀라운 것이었다.

무엇보다 분위기가 달랐다. 중산층, 소시민의 아들, 딸들이 어렵게 자기결단을 하고 거리로 나왔지만 대다수는 어쩔 수 없는 20대 초반의 대학생이다. 투사연하는 과시적 행동이 적지 않았지만 대부분 경찰과 백골단의 위압과 폭력에 겁을 먹으며 집단의 힘과 결속으로 어렵게 상황을 뚫어왔다. 지식인의 역사적 책임 따위가 우리를 채근하는 원동력이었다. 그러나 노동자들의 투쟁은 그와는 본질적으로 달랐다. 노동현장에서 항시적으로 당해온 고통과 원한이 한꺼번에 응어리채 터져나오는 폭발력이 상황을 압도했다.

그렇게 한국의 노동운동은 1980년대 중반 이전 군부통치에 의해 지탱되어온 저임금구조를 밑으로부터 허물어내고 1995년 민주노총(전국민주노동조합총연맹)을 결성하기에 이른다.

신자유주의의 확산과 노동운동의 한계

그러나 이때로부터(대체로 1993~97년 사이) 노동자들을 둘러싼 사회경제적인 조건이 변화하기 시작했다. 어렵긴 해도 대부분의 민간 대기업, 공공기관에서 노동조합을 건설할 수 있었고 지속되는 파업과 단체협상 끝에 상당한 수준에서 근로조건을 개선할 수 있었다. 기업과 정부 또한 노동조합을 근원적으로 부정하기보다는 이를 인정하고 그 한계를 설정하는 양면작전을 취하기 시작했다. 이는 1990년대 이후 대자본이 급팽창하면서 이를 수용할 만한 경제적 여력을 확보한 것과도 잘 맞았다. 그런데 1997년 IMF를 기점으로 하여 노동운동을 둘러싼 사회경제적인 조건이 또다시 변하기 시작했다. 고용불안이 전면화했고 주식, 부동산, 교육, 의료 등 서민대중을 둘러싼 여러 경제적 조건들이 악화되었다.

이를 배경으로 노동운동은 두 개의 흐름으로 갈라진다. 노동조합을 가진 대기업, 공공기관 노동자들은 정부와 기업의 공세에 밀리면서도 최소한의 고용과 근로조건을 개선할 수 있었다. 반면 조직화되지 않은 다수의 노동자들은 거의 아무런 대책 없이 고용불안과 저임금, 사회적 압박에 시달렸다. 이른바 정규직과 비정규직의 갈림도 본질적으로 이와 같다. 정규직 노동자들이 잘못한 것은 없다. 노동조합의 기본 임무는 고용과 근로조건을 개선하는 것이기 때문이다. 노동귀족 운운하며 정규직 노동자, 민주노총의 역할을 폄하하는 것은 정권과 대자본의 모략공세일 뿐이다. 그러나 해당 집단의 사회역사적 평가는 자신의 요구에 충실했느냐 여부와 함께 시대적 역할에 복무했는가에 의해서도 규정되는 것이다.[18]

1987년 7~9월 노동자대투쟁이 노동조합 건설과 근로조건 개선을 통해 민주주의를 심화하고 저임금구조를 혁파하는 역할을 했다면 1995년 이후의 정규직 노동조합은 신자유주의가 강요하는 중서민 대중에 대한 분할지배 전략에 무력했다. 이를 몇 가지로 나누어 살펴보도록 하겠다.

첫째, 대기업 노동자, 조직된 노동자의 숫자가 줄어들었다.

---

18 비판사회학대회에서 발표한 김원의 논문 〈한국 대공장 노동조합의 사회적 고리: 울산 현대자동차를 중심으로〉에 따르면 "노조 설립 이듬해인 1988년 노조의 향후 과제를 묻는 설문조사에서 '고용안정'이라고 답한 조합원은 1.6퍼센트에 지나지 않은" 반면 "2005년에는 25.3퍼센트에 이르고 있다." 특히 "'요즘처럼 불안한 시기에는 가능한 많이 벌어놓는 게 상책이다'라는 항목에 대해 매우 그렇다(18.3퍼센트), 조금 그렇다(36.2퍼센트)라는 의견이 전혀 그렇지 않다(3.9퍼센트), 별로 그렇지 않다(13.5퍼센트) 항목보다 상당히 높은 비율을 보이고 있다"고 되어 있다.

1996년에 1000인 이상 대기업 취업자가 217만 명(10.4퍼센트)이었던 반면 2004년에는 122만 명(5.4퍼센트)으로 95만 명이 순감소했다. 노동자의 숫자가 늘어난 것에 비하면 감소인원은 더욱 크다고 할 수 있다(새사연, 《새로운 사회를 위한 희망의 조건》, 시대의창, 2008). [표 3-5]를 보면 100인 미만 사업장의 노동자가 78.2퍼센트인 반면 조직화 비율은 22.8퍼센트에 지나지 않고 전체 노동자의 5.3퍼센트에 지나지 않는 1000인 이상 대기업 노동자는 60퍼센트 이상이 조직되어 있다.

[표 3-5] 사업장 규모별 임금근로자 및 조직률의 구성

(단위 : 퍼센트)

	100인 미만	100~299	300~499	500~999	1000인 이상
근로자 구성비율	78.2	9.6	3.5	3.4	5.3
조직화 비율	22.8	14.4	6.0	8.8	62.4

※ 노동부 노동백서, 위 새사연의 책에서 재인용

대기업·정규직 노동자들은 자신들의 고용과 근로조건을 사수하는 데에는 성공했을지 모르지만 소규모·비정규직 사업장 노동자들과 연대하는 데서는 실패했다. 이 틈새를 비집고 '귀족 노조'와 같은 모함이 파고들었다. 이를 정부와 보수언론의 모함이라고 탓하기만 해서는 안 된다. 사회정치적 약자란 언제나 그런 것이다. 사회정치적 약자가 사회 전체, 보다 어려운 사회적 약자를 위해 싸우지 않을 때 언제든지 공격은 계속될 것이다.

둘째, 전통적인 제조업, 특히 금속노조가 상황을 주도했다.

전체 노동자 1600만 명 중 제조업 노동자는 400만 명 수준이다. 한국의 경제구조가 제조업 중심의 '원-하청관계'가 아니라 지식정보산업, 사회서비스업과 건설·공공 부문 등이 확대되면서 전통적인 제조업 노동자와는 다른 이미지(?)의 노동자들이 늘어났으며 노동자들의 처지 또한 다양해졌다. 앞 새사연 책에 따르면 정보처리, 연구개발, 통신, 금융, 방송 등 생산자서비스에 종사하는 노동자가 344만 명이고 공공, 교육, 보건, 사회복지 등 사회서비스에 종사하는 노동자들만 323만 명에 이른다. 필자가 대학을 졸업할 당시에는 노동자 하면 전통적인 제조업 노동자와 저임금·장시간 노동, 높은 산재율을 떠올리곤 했다. 1987년 7~9월 노동자대투쟁의 주 무대와 요구 또한 제조업 공장과 저임금구조의 혁파였다고 볼 수 있다.

그런데 지식정보화와 서비스산업의 팽창이 지속되면서 노동자들의 구성은 다양해진 반면 노동운동은 전통적인 제조업 노동자들을 중심으로 운영되었다. 이로 인해 노동자들의 조건과 실정, 이해와 요구에 걸맞은 다채롭고 창의적인 방식이 동원되기보다는 전통적이고 일면적인 투쟁이 반복되었다. 따라서 운동의 생명이라고 할 수 있는 대중성을 잃어버렸다. 노동운동 하면 저임금, 장시간 노동에 시달리는 균질적인 제조업 노동자를 떠올리거나 노동운동이 제조업 노동자를 중심으로 진행되었던 것은 한국사회가 비정상적인 자본주의 사회라는 인식과 맥을 같이 한다.

돌이켜보면 노동조합이라는 조직형태 자체가 산업자본주의 시대와 어울리는 조직방식이다. 2008년 상반기 다수의 사람들을 추동할 수 있었던 힘은 노동조합이나 학생회가 아니라 온라인이었는데 이는 산업자본주의와 지식정보화라는 시대적 차이를 내포하고 있다.

셋째, 노동운동의 고령화다. 이는 노동운동뿐 아니라 전체 사회운동의 운명을 좌우할 만한 치명적인 약점이다.

　　1987~95년(또는 1997년까지) 시기에는 노동조합, 근로조건 개선 위주로 싸웠지만 1997년 이후에 대자본은 대기업 정규직 노동자에 대해서는 일정한 수준을 보장하는 대신 여타 집단에 대해서는 배제전략을 구사했다. 이를 세대의 관점에서 본다면 1987년 6월항쟁의 세례를 받고 성장한 노동조합은 40~50대로 접어든 반면 1990년대 신자유주의의 영향 아래에서 자란 20~30대는 노동조합으로부터 구조적으로 배제되어 있음을 의미한다. 실제로 "제조업의 청년층 고용 비중이 지속적으로 감소"하고 있는데 "1980년대에는 50퍼센트(15~29세)에 달했던 청년층의 비중이 2003년 현재 20퍼센트를 조금 상회하는 수준까지 하락"했다(새사연,《신자유주의 이후의 한국경제》, 시대의창, 2009).

[표 3-6] 매출액 대비 청년층 신규 고용보험 취득자

(단위 : 만 명)

	2003	2004	2005	2006	2007
전체 청년층 고용보험 취득자	179.3	167.7	180.7	181.3	187.2
매출액 1~1000위	18.0	18.9	18.5	18.8	19.1
매출액 1~30위	3.8	4.8	4.3	3.8	3.3

※ 앞 새사연의 책에서 재구성, 강조 필자

　　[표 3-6]에 따르면 신규 고용보험 취득자는 2003~07년 187만 명 정도인데 이들 중 20퍼센트 정도만이 매출액 1~1000위 기업에 취업했고, 매출액 1~30위의 청년층 선호 대기업은 오히려 청년층 고용을 줄였다. 1987년 이후 최근까지 노동운동이 제조업과 대기업을 중심으로 진행되었음을 고려하면 이 사실은 노동운동이 자라나는 청년층을 흡수하는 데 실패했음을 보여주는 것이다.

2008년 봄의 촛불과 노동운동의 무기력

2008년 촛불시위를 시작한 것은 5월 2일 어린 여학생들이었고 촛불시위의 초기 국면에서 상황을 돌파하고 주도한 세력 또한 조직화된 노동운동이 아니었다. 촛불시위가 정점으로 치닫던 6월 10일을 전후하여 노동자들이 거리에 합류하기 시작했지만 조직화 규모에 비하면 그 수가 많지 않았고 기세도 높지 않았다. 1987년 7~9월 노동자들의 역사적인 진출을 기억하는 필자로서는 노동운동의 무기력한 태도에 적지 않게 실망했다.

소통과 개방, 네트워크로 대표되는 촛불시위의 독특한 문화와 정서는 그것대로 좋다. 그러나 이 땅의 노동대중은 그와는 차원을 달리 하는 무엇인가를 시청광장에서 유감없이 분출해야 했다. 화물연대가 보여준 처절한 생존권 투쟁에 촛불시위에 참가했던 사람들이 돌을 던지던가? 사람들은 자신의 이해와 요구를 걸고 용감하게 싸우는 집단을 존경하고 기억하는 법이다. 천하를 바꾸고자 결심한 민주노총이라면 2008년 6월의 거리에서 이 땅의 노동자들이 세상을 향해 무엇을 전하고자 하는지 명확한 메시지를 가지고 있어야 했다. 그리고 그것은 소통과 네트워크 같은 게 아니라 이 나라 비정규직의 처지에 걸맞은 단호하고 강인한 것이어야 한다.

1987년 7~9월 학생들이 노동자들의 투쟁에 열광했던 것은 그들의 구호 때문이 아니다. 구호라고 해봐야 노동조합 건설, 임금인상과 같은 너무도 소박하고 단순한 것이었다. 그러나 그것이 독재와 저임금구조를 깨는 뇌관의 역할을 했고 그에 걸맞은 진정성과 위력을 과시했기 때문에 우리는 그들에게 경의를 표했던 것이다.

　이명박 정부에서 이 땅의 노동운동은 두 가지 차원에서 심각한 지점에 섰다. 하나는 이명박 정부의 강도 높은 탄압이고 다른 하나는 금융위기 이후 본격화될 경기침체와 구조조정이다. 이는 2003~06년 상대적으로 안온한(?) 지위에 있었던 조직화된 노동운동에게 근본적인 선택을 강요할 것이다. 그런 면에서 이 땅의 노동자들은 자기 자신에게 근본적인 물음을 던져야 한다. 민주화 투쟁의 성과물로 얻은 노동조합을 소집단의 이해를 실현하는 도구로 전락시킬 것인가? 아니면 전체 사회를 발전시키는 무기로 도약시킬 것인가? 이 땅의 노동운동은 돌아설 수 없는 외나무다리 위에 섰다.

4장

전통적인 계급적 시야의 한계

민족과 국가 그리고 집단과 개인

어떤 토론회

2007년 한 진보단체가 주최하는 반전 토론회에 토론자로 참석한 적이 있었다. 팔레스타인과 이라크 반전운동을 지원하는 단체에서 일하는 한 대학생이 발언하기 시작했다. 그 학생은 팔레스타인과 이라크의 참상을 지적하며 반전운동의 중요성에 대해 역설하고 있었다. 그런데 토론 중간에 엉뚱하게 민족주의 문제를 거론하기 시작했다. 그는 이라크의 반전운동에 연대해야 하지만 이를 민족주의와 연결해서는 안 된다고 주장했다. 토론의 맥락에도 맞지 않는 과도한 주장에 나는 100여 명의 청중을 앞에 두고 설전을 벌이기 시작했다.

이라크 사람들이 이라크에서 미군을 몰아내기 위해 싸우는 것이 민족주의 또는 애국주의가 아니면 무엇이냐? 이라크 사람들과 연대해야 한다고 하면서 민족주의를 해서는 안 된다고 주장하는 것이 모순이 아니냐며 따져 물었다. 솔직히 말하면 이제 대학생 수준의 운동가가 반전운동을 했다면 얼마나 했겠는가? 토론장에서 그 학생이 보여준 운동 경험이나 데이터에도 감동을 줄 만한 내용은 별로 없었다. 정작 내용과 공부는 빈약한데 운동권 내에서 벌어지고 있는 섣부른 논쟁을 끌어들이는 태도가 건전해 보이지 않았다.

이런 태도는 최고급 논객을 자처하는 사람들에게도 널리 퍼져 있다. 글이나 토론의 맥락과도 별 상관없이 민족주의, 애국주의 등을 유럽의 극우 파시즘쯤으로 몰아 특정 정파를 공격하는 태도 말이다. 이러한 행태에 대한 적절한 비판이 이뤄지지 않은 채 설익은 비판들이 어린 학생들에게까지 퍼지고 있다.

민족과 국가

시간관계상 충분한 논쟁이 되지는 않았지만 앞서의 논쟁은 첫째, 반전운동의 주체가 누구인가? 둘째, 이라크와 북, 이란에 대한 평가, 나아가 근본적으로는 집단과 개인과의 문제로 비화될 수 있는 민감한 쟁점을 담고 있다. 아래에서는 각각에 대해 하나씩 검토해 보겠다.

반전운동의 주체는 그 나라 국민 또는 민족이다. 19세기 말 20세기 초 제국주의가 전 세계를 유린할 때 제3세계 전역에서 해당 지역을 점령한 제국주의 군대와 제3세계 민중과의 싸움이 벌어졌다. 이 싸움의 초반은 봉건계급 또는 지주계급의 의해 주도되거나 전근대적인 종교 관념에 기초했다. 우리나라로 치면 위정척사운동이나 동학운동이 그런 것이다. 1894년 당시 갑오농민전쟁에서 60만 명의 농민군이 2000명 수준의 일본군에 의해 거의 학살에 가까운 패배를 당했다. 그만큼 전

前근대와 근대의 시대적 차이는 컸다.

제3세계의 민족해방운동이 승리하기 시작한 것은 지주와 같은 전근대적인 계급의 주도권과 이념이 쇠퇴하고, 노동자와 농민의 성장, 민족주의나 사회주의와 같은 근대적 이념에 의해 지도된 새로운 민족해방운동이 발전하기 시작하면서부터다. 그리고 제국주의 군대에 의한 조악한 구식민화 작업은 1960년대 아프리카 국가들의 독립을 끝으로 대부분 마무리된다.

이 역사의 도도한 흐름을 무시하고 군사력의 우세만 믿고 무모하게 덤벼든 전쟁이 미국의 베트남 침략, 소련의 아프가니스탄 침략, 미국의 이라크 침략이다. 일정한 인구와 지리적 조건을 갖춘 나라라면 그 나라가 아무리 후진성을 갖고 있다고 하더라도 군사력만으로는 승리할 수 없다. 20세기 후반의 세계사는 이미 이런 수준을 넘어섰다. 그렇다면 논쟁을 다소 확대해서 이라크와 북미공방에 대해 검토해보자.

2002년 1월 29일 '악의 축'으로 지목됐던 세 나라 중에서 이라크는 미국의 침략을 받아 잿더미가 되었고 이라크의 사담 후세인은 2006년 12월 교수형으로 처형되었다. 이라크에서 얻을 수 있는 교훈은 나라에 힘이 없으면 그 어떤 국제기구나 국제적인 반전운동의 지원도 소용없다는 냉엄한 현실이다. 미국이 이라크를 악의 축으로 지칭하고 이라크 공격을 본격적으로 준비하던 무렵 UN에서는 미국의 이라크 침략을 둘러싸고 대논쟁이 벌어졌다. 끝내 미국은 UN 안전보장이사회의 승인을 얻지 못했다. 2003년 봄 유럽을 휩쓴 반미반전운동은 역사적인 혈맹인 미국과 유럽을 갈라놓을 정도로 위력적이었다.

그러나 그러한 노력이 국가와 국가로 구획된 세계질서 속에서 얼마나 허망한가는 이라크의 현실에서 입증되었다. 미국이 궁지에 몰리기 시작한 것은 반전운동이 정점에 달했던 2003년 상반기가 아니라 2003년 5월 1일 부시 대통령이 이라크 정규군과의 전쟁에서 승리를 선언한 후 이라크 민중의 끊임없는 저항이 지속되면서부터다. UN과 강대국, 서방언론이 미국의 만행을 승인하던 바로 그 시각부터 이라크 민중의 싸움이 전세를 역전시키기 시작했던 것이다.

여기서 분명히 하고 넘어갈 점이 있다. 반전운동을 하는 사람들은 사담 후세인이 친親이란계 시아파 주민과 쿠르드족을 학살한 독재자 이기 때문에 그를 단죄한 것은 이해할 수 있다고 말한다. 그런데 터놓고 말해보자. 사담 후세인 수준의 독재자는 이 지구상에 널려 있다. 특히 중동 지역의 지도자들은 대부분 그렇다. 사담 후세인은 역사적으로만 보면 이집트 나세르의 계보로 사우디아라비아 등의 친미그룹, 오사마 빈 라덴 류의 이슬람 근본주의와는 궤를 달리 한다. 그리고 이라크에서 반미 테러저항을 하는 부류 중에는 과거 후세인 치하에서 영화를 누리던 수니파 관료나 군인들이 적지 않다. 민중을 수탈했던 과거의 기득권층이 벌이는 저항이지만, 그럼에도 불구하고 크게 보아 미국의 침략이 잘못되었으며 자기 나라의 주권과 영토를 지키는 것이 옳다고 보기 때문에 이에 연대하는 것이다.

이제 북미공방으로 가보자. 운동하는 사람들 일부에서는 한국의 민간운동 역량과 국제사회의 지원을 믿고 김정일 위원장이 핵을 먼저 포기하는 역사적 결단을 내려야 한다고 주장한다. 그러나 실제의 현실은 정반대였다. 미국이 이라크에 정치적 공세를 가하던 그 시각, 북은 NPT(핵확산금지조약)를 아예 탈퇴하고 핵시설 재가동에 들어갔다. 그러나 미국은 핵무기는커녕 대량살상무기도 갖고 있지 않은 이라크는 침략했고(3월 19일), 북과는 대화에 나섰다(2003년 4월 북경 3자회담).

2006년 10월 핵실험 때도 마찬가지다. 북은 10월 3일 핵실험을 예고하고 일주일이 채 못 된 10월 9일 실제로 핵실험을 강행했다. 어떻게 되었을까? 이라크를 침공한 기세대로라면 적어도 원산만 앞바다에 항공모함을 대놓고 무력시위라도 했어야 한다. 그런데 다음날 TV를 통해 전 세계에 생방송된 부시 대통령의 연설은 실망스러웠다(?). 다음은 핵실험 다음날 부시 대통령이 했던 연설이다. 다소 길더라도 강조한 부분에 주목하여 찬찬히 읽어보기 바란다(출처 : 연합뉴스).

지난 밤 북한은 핵실험 완료를 전 세계에 선언했다. 우리는 이러한 북한의 주장을 확인하는 중이다. 그러나 그 주장은 그 자체만으로도 세계 평화와 안정에 위협이 된다. 미국은 이러한 도발적 행위를 비난하는 바다. 북한이 또다시 국제사회의 의지에 도전함에 따라 국제사회는 이에 곧 응답할 것이다.

이는 내가 오늘 아침 중국과 한국, 러시아, 일본 지도자들과의 대화를 통해 확인한 사실이다. 우리는 우리의 한반도 비핵화 약속을 재확인하고, 북한의 선언이 UN 안전보장이사회의 즉각적인 반응에 직면할 수용할 수 없는 사안이라는 것에 동의했다.

북한은 이란과 시리아 등에도 수출할 수 있는 미사일 기술 확산국 중 하나이며, 국가 혹은 비국가 단체들에 대한 북한의 핵무기 수출이나 핵이전은 미국의 존립을 위협하는 것으로 간주될 것이다. 우리는 그러한 행위가 일으킬 결과에 대해 북한에 충분한 책임을

물을 것이다.

미국은 외교적 노력을 계속해나갈 것이며, 우리는 우리 자신과 우리의 이익을 지속적으로 보호할 것이다.

나는 한국과 일본 등 우리의 동맹국에게 전쟁 억지와 안전보장에 관한 미국의 약속을 지킬 것이라고 다시 한 번 확인한다. 위협적인 수단은 북한 주민들의 미래를 밝게 할 수 없으며, 미국과 동맹국의 한반도 비핵화 의지를 약화시킬 수도 없을 것이다.

북한의 오늘 선언은 한반도의 긴장만을 높일 뿐, 9.19공동성명 이행에 따라 북한 주민들이 누리게 될 더 나은 국제적 관계와 더 많은 번영을 빼앗는 것이다. 가난하고 억압받는 북한 주민들은 더 밝은 미래를 가져야 한다.

미국은 이라크 침공 당시 UN 안전보장이사회를 철저히 무시했다. 그런데 북에 대해서는 UN을 끌어들여 상황을 모면하려 하고 있다. 또 대량살상무기도 없는 이라크에 대해서는 일체의 외교적 노력을 거부하고 전쟁을 강행한 데 비해 북한에 대해서는 외교적인 노력을 계속해나갈 것이라며 한발 빼고 있다.

더욱 놀라운 사실은 이 연설을 할 당시 부시 대통령의 태도다. 나는 2003년 3월 17일, 48시간의 시한을 두고 이라크에게 사실상의 선전포고를 할 당시 부시 대통령의 연설을 똑똑히 기억한다. 그는 선악개념을 중심으로 사고하는 근본주의적 성향의 감정형 인물이다. 분노를 가득 담아 눈빛을 번쩍이며 했던 그 연설에서 나는 살기殺氣 비슷한 것마저 느꼈다. 그러나 10월 10일 연설에서 부시 대통령은 TV를 쳐다보

지도 않은 채 담담히 3분 내외의 연설을 하고 자리를 떠났다. 국제정치에 어지간히 이골이 난 나로서도 정말로 황당한 장면이었다. 그리고 국제정치의 비정함과 잔인함을 새삼스럽게 느낄 수 있었다.

내가 말하고자 하는 것은 선악과 같은 가치개념이 아니다. 그저 있는 그대로의 사실을 말하고자 할 뿐이다. 핵심은 민족과 국가라는 거대한 집단의 실체와 그것이 동원할 수 있는 군사력이 현 세계사에서 어떤 의미를 갖는가 하는 점이다.

집단과 개인

이 논쟁의 끝에는 아마도 집단과 개인 사이의 관계에 대한 평가가 있을 듯하다. 민주노동당 분당사태의 원인을 제공한 바 있는 민주노동당 산하 진보정치연구소가 심혈을 기울여 낸《사회국가, 한국사회 재설계도》(후마니타스, 2007. 12)에서는 "수많은 피억압 민족들이 민족주의를 무기 삼아 제국주의에 맞서 싸웠고, 저마다 자신의 민족국가를 전리품으로 확보했다. 하지만 일단 승리한 민족주의, 즉 **민족국가를 쟁취한 민족주의는 진보와 해방의 수단이 아니라 새로운 억압과 모순의 진원지가 된다**"(강조 필자)라고 지적한 뒤 민족주의는 "20세기의 낡은 유산"으로 "단호히 결별해야 한다"고 쓰고 있다.

이 책은 진보정치연구소가 3년의 연구 끝에 2007년 12월 10일, 대선 직전에 내놓은 일종의 야심작이다. 상황이 이러했으니 민주노동당의 분당은 예비되어 있었던 것이나 다름없다. 그리고 실제로 식자연, 좌파연하는 식자, 운동가들이 북미공방과 그 과정에서 비롯된 핵, 민족, 민족주의 등과 관련해 환상적인 논리를 늘어놓고 있다. 이 논쟁의 핵심에는 민족과 국가 그리고 집단과 개인이 어떤 관계에 있는가가 담겨 있다. 운동진영 일각에서는 개인의 자유를 절대의 가치로 놓고 집단에 대해서는 극단적으로 부정적인 태도를 보이는 사람들이 있다. 그리고 집단 또는 집단주의의 정점에 바로 민족과 국가가 있는 것이다.

그런데 한국에서 과연 그러한가?

김구, 조봉암 등이 암살되거나 형장의 이슬로 사라진 것은 그들이 사회주의와 같은 과격한 이념을 갖고 있어서가 아니다. 이념적 성향으로만 보면 김구는 당시 민족주의자 중 가장 보수적인 부류에 속했고 조봉암은 이승만 정부에도 참여한 사민주의 정도의 온건 부류다. 그럼에도 이들이 죽을 수밖에 없었던 이유는 김구의 연북연공, 조봉암의 평화통일노선, 즉 민족주의 때문이다. 2002년 월드컵과 여중생 시위, 2008년 촛불시위에서 당신은 무엇을 느끼는가? 월드컵 당시 사람들은 태극기와 애국가를 부르며 대한민국을 응원했고 촛불시위의 제1구호는 '대한민국은 민주공화국이다'라는 '집단적 정체성'의 확인이다.

여기서 파시즘의 망령을 보는가? 여기서 극우민족주의의 섬뜩한 유령을 만나고 있는가? 오히려 극우세력은 민족은 허구이며 한미동맹을 재강화하는 데서 나아가 일제치하에서도 근대적인 발전이 있었기 때문에 친일파들을 재평가해야 한다고 주장하고 있다.

근본적인 문제는 이들이 대한민국의 역사와 현실에 발 딛고 서 있기보다는 유럽 진보파의 시각에 경도되어 있다는 점이다. 앞서 말한 진보정치연구소의 책은 "한국 지식인 사회의 가장 심각한 문제는 뭐니 뭐니 해도 미국 자본주의 문화에 뼛속 깊이 종속되어 있다는 점이다”라고 지적하고 있는데 이는 맞는 이야기다. 단 이것은 주류 지식인 사회의 이야기다. 반대로 비주류 지식인 사회의 문제점은 유럽 사대주의다. 유럽에서야 민족과 국가가 극우의 이념일 수 있지만 한국에서의 민족과 국가는 전혀 다른 의미다. 주객이 전도되면 이상한 일이 벌어진다. 얼치기 좌파들이 토착민들로부터 모욕에 가까운 배척을 받는 이유도 대부분 이러한 이유 때문이다.

새로운 주체로 등장한 소수자문제

새로운 주체

어느 때부터인가 소수자문제가 중요한 의제로 부각되고 있다. 이주민 노동자, 성性소수자, 장애인 등이 그러한 집단이다. 시대가 발전할수록 주류 집단의 밖에서 배척받던 비주류 집단의 인권이 존중되고 확장되는 것은 권장할 만한 일이다. 그러나 모든 문제가 그렇듯이 객관 진실에 대한 소개와 폭로에는 주관 나아가 강한 이데올로기가 개입되게 마련이다. 이런 경향을 부정적으로 볼 이유는 없다. 모든 글, 발언, 기록에는 객관 사실에 대한 진술과 함께 왜 그런 사실을 포착하고 전달하는가 하는 주관이 개입되기 때문이다.

소수자문제를 부각시키는 일부 운동진영의 의도도 그럴 것이다. 문제는 그것이 얼마나 한국사회의 현실을 투명하게 반영하고 있는가와 그들이 내포하고 있는 의도가 현실에 부합하는가의 문제다. 여기서는 각각에 대해 말해보겠다.

소수자문제가 한국사회를 투명하게 반영하고 있는가

먼저 검토할 것은 이들이 내세우고 있는 집단이 지금 이 사회에서 가장 고통 받는 집단인가 하는 점이다. 한국사회에서 가장 고통 받는 집단을 꼽으라면 단연코 노인, 특히 경제력이 없는 여성 독거노인이다. 노인(65세 이상)의 규모는 2008년 현재 501만 6000명(〈2008 고령자 통계〉, 통계청)으로 전체 인구의 10.3퍼센트다.

[표 4-1] 연령집단별 절대·상대빈곤율　　(2000년 가구소비 실태조사 기준, 단위 : 퍼센트)

	아동(0~17)	경제활동인구(18~64)	노인(65~)	전체
절대빈곤율	8.57	7.14	28.44	9.26
상대빈곤율	9.73	9.25	34.21	11.43

※ 한국도시연구소 엮음, '노인과 빈곤', 《한국사회의 신빈곤》, 한울아카데미(317쪽), 2006. 9

[표 4-2] 노인의 특성별 빈곤지표　　(단위 : 퍼센트)

가구유형	남성노인단독	여성노인단독	노인부부	A 동거	B 동거
절대빈곤 기준 비율	44.34	62.72	50.55	63.27	14.50
상대빈곤 기준 비율	68.22	79.21	59.12	69.39	16.87

※ 위 한울의 책에서 필자 재구성, A는 경제활동 불능 가구원, B는 경제활동 가능 가구원

[표 4-1]에서 보듯 노인층의 빈곤율은 다른 연령대에 비해 심각한 수준이다. 특히 심각한 것은 노인부부보다는 단독가구 그것도 여성노인 단독가구의 빈곤율이 높은 점이다. 가장 빈곤율이 높은 것은 '경제활동 불능 가구원'과 함께 사는 단독가구 노인으로 절대빈곤 기준 비율과 상대빈곤 기준 비율이 각각 63.27퍼센트, 69.39퍼센트에 이른다. 전형적인 사례로는 이혼한 자녀의 손자를 데리고 홀로 사는 할머니를 연

상하면 될 것이다. 반면 경제활동가구원과 동거하는 경우 빈곤율은 14.50퍼센트, 16.87퍼센트로 급격히 떨어진다.

전체적인 상황을 요약하면 대략 500만 명의 노인들 중 3분의 1 정도인 170만 명 정도가 빈곤상태에 있는데 이 중에서도 단독가구 노인들의 빈곤상태는 매우 심각한 수준에 있음을 추정할 수 있다.

[표 4-3] 2007년 자살에 의한 사망자와 10만 명당 자살자

(단위 : 명)

	20대	30대	40대	50대	60대	70대
인구	722만	868만	854만	585만	386만	220만
자살자	1557	1952	2231	1773	1807	1648
10만 명당 자살자	21.5	22.5	26.1	30.3	46.8	74.9

※ 통계청 자료에서 필자 재구성

[표 4-3]에서 확인되는 노인들의 자살비율은 매우 충격적이다. 이러한 사실은 경험으로도 확인된다. 최근 들어 서울 지하철에서 경쟁적으로 신문을 줍는 노인들, 소소한 찬거리를 늘어놓고 노점을 하는 노인들을 어렵지 않게 발견할 수 있다. 이분들은 그나마 건강하기 때문에 그럴 수 있을 것이다. 경제력도 없고 건강도 좋지 않은 노인들은 어떻게 살고 있을까? 우리 모두가 적당히 모른 척하지만 미루어 짐작이 가능하지 않은가? 2009년 대한민국은 이 땅의 노인들을 집단적으로 유기하고 있다고 해도 과언이 아니다.

나는 가장 고통 받는 집단이라면 주저 없이 노인들이라고 하겠다. 그런데 운동진영 일부에서는 왜 유난히 이주민 노동자, 성소수자, 장애인(장애인에 대해서는 공부가 짧아 잘 모르겠다. 틀린 점이 있다면 지적해주기 바란다)들에 주목하는 걸까?

근대국민국가는 주로 성인남성 또는 정상인, 백인들을 주류로 친다. 그런데 최근 운동진영 일부에서는 근대국민국가를 이루는 이들 집단 대신에 의도적으로 이주민 노동자, 성소수자, 장애인을 부각시켜 궁극적으로는 근대국민국가를 해체하려고 한다. 즉 이들은 이 소수자를 위해서라기보다는 근대국민국가를 해체하려는 자신의 의도를 관철하기 위해 소수자문제를 부각시키는 것이다. 앞서 지적했던 것처럼 어떤 사실을 포착하는 행위에서부터 주관과 이데올로기가 개입된다는 걸 알 수 있다.

이주민 노동자의 운동적 지위

다음으로 지적할 것은 소수자문제를 통해 제기하고자 하는 메시지가 정당한가의 문제다.

이런 문제에 착목하는 박노자 씨는《한겨레》가 특집으로 기획한 민족주의 관련 기고(2007년 11월 16일자)에서 탈민족론의 대안에 대해 "국제주의적 계급노선, 가깝게는 동아시아·동남아시아 지역의 '피해자 연대'가 진보의 거시적 담론이 되는 것은 자본주의의 일차적 모순과 분단의 이차적 모순 극복에 가장 도움이 된다"고 밝힌 뒤 "지금 세계 자본주의의 '커다란 착취공장'으로 떠오르는 광역의 동아시아·동남아시아는 자본주의의 모든 모순들을 집중적으로 내포한다"고 적고 있다. 그리고 이를 위해서는 "민족적 관점은 백해무익"이고 "실천적으로는 이미 판명이 되었는데" 그 사례로 "국내에서 최초로 한국인 노동자와 이주민 노동자들이 함께 하나의 노조를 만들어 '국내외 출신 가릴 것 없이 모든 노동자들을 동등하게 대우한다'는 중요한 양보를 쟁취한 대구의 삼우정밀이라는 부품업체"가 그렇다고 한다.

박노자 씨가 이주민 노동자를 주로 다루는 이유는 그들이 가장 고통 받는 집단임과 동시에 박노자 씨가 밝히고 있는 국제적 계급노선에 적합한 대상이기 때문이다. 특히 동아시아와 동남아시아가 자본주의의 모든 모순들을 집중적으로 내포하고 있다고 한다. 이런 관점을 갖고 있다면 당연히 동아시아와 동남아시아에서 이주해온 이주민 노동자는 변혁의 주세력이 될 것이다. 필자는 박노자 씨가 이런 정치적 메시지를 갖고 이주민 노동자 문제를 거론하는 것 자체는 문제가 없다고 본다. 그것은 사회변혁을 추구하는 사람의 당연한 태도다. 단 문제는 그가 전하고자 하는 메시지가 정당한가다.

저출산·고령화문제가 심각해지고 있는 조건에서 외국인 노동력의 문제는 향후 중요한 문제로 제기될 것이다. 그러나 그러한 현상이 유럽의 북아프리카 이슬람계 이민이나 미국의 흑인·라틴계 차별문제 수준으로 발전하고 유럽의 극우민족주의나 미국의 인종주의처럼 심각한 사회문제로 발전할 것으로 보는 것은 과도하다.

한국의 자본주의는 아직 그런 수준에 이르지 못했다. 미국발 금융위기로 인해 한국경제는 외환금융시장의 불안정이 극도에 달해 있고 그에서 파생한 자산버블이 심각한 상황이다. 또 대자본 중심의 수출구조가 극대화된 조건에서 미국의 과소비를 최종 수요로 하는 수출 수요가 급감하여 산업 생산 전반이 위축되고 있다. 고용시장에서는 비정규직, 청년실업, 고령 및 여성취업자, 자영업 과잉 등의 문제가 심각하고 이로 인해 300만 명이 넘는 사람들이 실질 실업상태에 있다. 즉 개발독재 시대의 고성장, 가족 위주의 복지체제가 무한경쟁논리와 저성장, 가족 해체, 이를 보완할 사회적 안전망의 부실로 전이되면서 사회적 취약층을 중심으로 하여 심각한 수준의 빈곤과 생존문제가 발생하고 있는 것이다. 그리고 현재 한국사회에는 이러한 다양한 갈등이 노인문제에서 집중적으로 표출되고 있는 것이다.

한국적 현실에서 보면 인력 부족에 시달리는 중소기업 사장이 이주민 노동자에게 민족적인 이유로 적대할 내적인 이유가 크지 않고 고학력의 청년실업자들이 중소기업 일자리를 두고 이주민 노동자와 경쟁할 것으로 보이지 않는다(가령 인도의 고학력 IT 노동자들 때문에 미국 청년들의 일자리가 사라지는 것과 같은 현상은 한국에서 벌어지지 않고 있다. 이는 한국 청년과 이주민 노동자가 원하는 일자리가 서로 다르기 때문이다). 농촌에 시집온 동남아권의 처녀들도 마찬가지다. 이주민 노동자의 숫자로 보나 그들이 놓인 사회적 처지로 보나 민족적인 이유로 사회적 갈등이 벌어질 가능성이 높지 않다. 더구나 이들과의 국제적인 연대가 유력한 운동 동력이라고 보는 것은 난센스에 가깝다.

노동운동을 하는 사람들에게 대구 삼우정밀의 사례를 소개해보기 바란다. 필자가 보기엔 "민족주의를 두고 벌이는 논쟁소리"를 잠재울 "현장에서 얻어진"(앞 박노자 씨의 글에서) 해답이기는커녕 박노자 씨와 같은 사변적 지식인의 실체를 확인해주는 좋은 사례가 될 것이다.

전통적 관점으로는 보이지 않는
자영업자와 중소기업

IMF 이후 자영업자의 비애

북이 고향이신 필자의 부모님은 동대문시장에서 잡화가게를 하시면서 상당한 재산을 모았다. 생전에 아버지께서는 입버릇처럼 "월급쟁이를 해서는 돈을 모을 수 없다"고 말씀하시곤 했다. 어려서부터 이런 부모님 말씀을 듣고 자라서인지 필자는 자영업에 관심이 많은 편이다.

한국경제가 팽창하고 내수가 확장되던 IMF 이전이라면 아버지 말씀이 맞았다. 그러나 IMF 이후 상황은 완전히 달라졌다. 필자의 집 앞에는 조그만 구멍가게가 하나 있다. 40대 중후반의 부부가 아침 일찍부터 밤늦게까지 하루도 쉬지 않고 가게를 지키곤 했다. 대형마트가 들어서면서 큰 규모의 손님들은 끊어진 지 오래고 음료수나 기본 생필품 몇 가지를 늘어놓고 팔고 있다. 그렇게 해서 한 달 수입이 얼마나 될까? 수입보다 더 가슴을 치는 기억은 생기 하나 없는 파리한 얼굴과 연중무휴로 이어졌을 고단한 노동이다.

IMF 이전 한국사회에서 실업은 심각한 문제가 아니었다. 워낙 고성장인데다 생활수준도 높지 않았기 때문이다. 그러나 IMF가 닥쳤고 하루아침에 40~50대 중반의 직장인들이 거리로 내몰렸다. 이들의 선택은 단순하고 순진했다. 너무나 많은 사람들이 비슷한 마음으로 자기는 예외일 거라는 막연한 믿음을 안고 호프집, 피자집, PC방 등에 뛰어들었다. 그나마 1998~2002년 기간 자영업은 그나마 유지될 수 있었다.

외국계가 장악한 금융기관은 위험한 기업대출 대신 가계대출에 열을 올렸고 내수 부양에 눈이 먼 정부는 건설·부동산 경기를 자극했으며 카드회사들은 길거리에서 중고생들에게까지 카드를 팔아댔다. 1998년 183조 원이던 가계신용은 2002년 말 439조 원으로 불어났다. 불과 5년 사이에 256조 원이 시중에 풀린 것이다. 특히 2000년 가계신용이 266조 원이었음을 고려하면 2년 사이 풀린 돈만 173조 원에 달한다. 1998~2002년 한국의 고용사정이 그나마 괜찮을 수 있었던 것은 빚에 의한 내수 팽창과 이에 기생(?)했던 대규모 자영업자들의 존재 때문이다. 하지만 2002년 하반기 카드대란이 닥치면서 민간소비가 추락하자 한국경제는 끝없는 나락으로 빠져들기 시작했다.

1980년대 중반 사회구성체 논쟁의 핵심 구도는 한국 자본주의의 발전양상이다. 한쪽 진영은 자본주의 발전이 종속적·기형적 성격을 띠게 됨으로써 농민이 광범위하게 온존될 것이라고 보았고, 다른 한쪽 진영은 어쨌든 자본주의 발전이 진행될 것이므로 '노동자-자본가' 관계로 계급관계가 단순화될 것이라고 판단했다.

지금까지 나는 이 책을 통해 전자의 주장이 시대에 맞게 조정되어야 한다고 지적했다. 2009년 한국에서 농민을 주력군으로 생각하는 일체의 경향(노농동맹, 수도권 상경, 학생들의 농활 등)은 시대에 맞지 않는다. 그렇다고 해서 농민들이 도시의 노동자로 이동하여 한국의 계급관계가 노자관계로 되었다고 보는 것은 한국사회를 너무 단순하게 본 것이다. 실제로는 한국사회를 구성하고 있는 고유의 작동원리라고 할 수 있는 종속성과 파행성에 따라 농촌을 떠난 대규모 탈농인구는 우여곡절 끝에 결국 도시의 영세자영업자로 남았다.

[표 4-4] 계급계층별 월소득

(단위 : 만 원)

	자영고용주	정규직 노동자	단독자영인	비정규직노동자
월소득	279	210	143	104

※ 고용정보원, 〈2005년 산업직업별 고용구조 조사〉, 앞 새사연의 책에서 인용

[표 4-4]에 따르면 혼자 가게를 하는 단독자영인은 정규직 노동자보다는 비정규직 노동자에 가깝다. 그러나 이마저 2003~06년 자산버블 국면을 배경으로 하고 있다. 다음 자료는 최근 하층 자영업자의 처지를 단적으로 보여준다. [표 4-5]에 따르면 자영업의 행복지수는 무직과 비슷한 수준이다. 아마도 경기침체가 지속되면 자영업 상당수는 상상하기 힘든 상황으로 내몰릴 것이다.

자영업자는 물가상승에 따른 비용 급증과 함께 내수 침체에 따른 판매부진의 이중고를 겪고 있는 것으로 판단되며, 이들은 한계상황에 이르러 퇴출될 경우 소득 자체가 없어지는 어려움에 처하게 된다. 이에 반하여 근로자는 물가상승으로 인한 실질소득의 감소라는 고통은 겪더라도 소득 자체가 없어지는 것은 아니다(〈최근 고용창출 부진의 특징과 시사점〉, 현대경제연구원, 2008. 6. 13, 강조 필자).

[표 4-5] 직업별 행복지수

	급여생활자	자영업자	주부	전문직	공무원	기타/무직
행복지수	36.7	26.2	35.2	55.6	46.1	22.8

※ 현대경제연구원, 〈제3회 대한민국경제행복지수〉, 2009. 1. 22

대기업과 중소기업 사이의 극심한 불균형

2008년 상반기 촛불시위의 주된 구호는 미국산 쇠고기 수입 반대, 대운하 반대, 물·건강보험 민영화 반대 등이었다. 이들 주장은 당장의 경제적 문제보다는 이명박 정부의 정책에 대한 반대 또는 미래에 대한 불안감을 깔고 있다. 반면 2008년 상반기 서민대중을 구체적이고 실질적으로 압박했던 것은 경유, 곡물, 원자재 등 수입물가의 폭등이었다. 수입물가 폭등 때문에 고통 받았을 사람들은 어렵지 않게 찾을 수 있다. 1톤 트럭으로 장사하는 자영업자들, 밀가루가격의 상승 때문에 채산성을 맞출 수 없게 된 중국집 주인, 비료가격의 상승 때문에 가슴을 쳤을 축산농가들이 그들이다.

이 집단들 중에서 가장 역동적이고 위력적으로 싸운 집단은 화물연대였다.[19] 화물연대는 경유값이 인상되자 전국적인 규모의 파업에 들어갔고 촛불시위와 맞물려 심각한 상황으로 발전했다. 화물연대의 싸움은 화물운송료 19퍼센트 인상과 일종의 최저임금제인 '표준요율제'를 2009년에 시범실시하고 차후 법제화한다는 선에서 타결되었다.

---

19 노동운동에서는 화물연대를 특수고용 노동자라고 하여 비정규직 노동자로 분류하는 경향이 있지만 이들의 역사적 성격은 자영업에 가깝다.

이는 화물연대의 싸움이 촛불시위와 상호 맞물려 통제불능의 상황으로 발전할 것을 두려워 한 정부여당의 정치적 고려 때문이다.

화물연대의 싸움은 IMF 이후 한국사회의 구조적 모순 고리를 잘 보여준다. 저성장체제와 고용불안정에 따라 다수의 중년남성들이 임금근로자로서의 안정적인 일자리를 얻지 못하고 지입차주로 몰린 점, 대자본 중심의 중층적이고 전근대적인 하청구조가 문제였다. 이와 같은 모순구조가 2008년 상반기 일시적인 수입물가 급상승이라는 약한 고리를 타고 터져나온 것이다.

사안의 심각성이나 모순의 양태로 보나 화물연대와 비슷했던 집단이 중소기업이었다.

[표 4-6] 2008년 원자재가격 상승률
(단위 : 퍼센트)

	1월	2월	3월	4월	5월	6월
원화표시 상승률	21.2	22.2	28.0	31.3	44.6	49.0
계약통화기준 상승률	18.7	19.4	21.0	21.9	27.6	32.5

※ 한국은행(계약통화기준은 사실상 달러)

[표 4-6]에서 불 수 있듯 2008년 상반기의 원자재가격 상승률은 달러 기준으로만 해도 심각한 수준이었다(그리고 이를 부채질한 것은 이명박-강만수 라인의 고환율정책이었다). 원자재가격 인상에도 불구하고 납품단가가 현실화되지 않자 중소기업 업체들이 집단행동에 들어가기 시작했다. 한국주물공업협동조합은 2008년 2월 29일 정기총회 자리에서 대기업을 상대로 집회를 열고 결의문을 채택했으며(《신자유주의 이후의 한국경제》), 7월 11일에는 '납품단가 연동제 법제화 촉구 100만인 서명운동'을 전개하기 시작했다. 중소기업의 집단행동에 놀란 정

부가 납품단가 '연동제' 대신 납품단가 조정협의제를 들고 나오자 현실성이 없다며 이를 거부했는데 이는 대기업과 중소기업 사이의 본질적인 불균형구조와 전근대적인 원-하청구조 때문이다.

조사에 따르면 '대기업의 불공정 거래에 대한 중소기업의 대처방안'에서 51.9퍼센트가 '거래단절이 우려되어 그냥 참음'(앞의 책에서)이라고 답하고 있다. 원자재가격이 올랐으므로 납품단가를 인상해야 한다고 대기업에 협의를 요청하고 싶어도 51.9퍼센트의 중소기업 사장들이 아예 거래가 끊길 것을 우려하여 그냥 참는다는 것이다. 중소기업 사장들의 처지가 이런 수준이라면 대기업 정규직 노동조합의 교섭력보다 못한 것 아닐까? 대기업 노동조합은 민주화 투쟁의 세례를 받아 대자본에 대해 상당한 교섭력을 확보했지만 명색이 사장이라는 사람들은 여전히 전근대적인 원-하청구조에서 벗어나지 못하고 있는 것이다.

대자본과 중소기업 사이의 전근대적인 원-하청구조가 유지되고 있는 상황에서 이른바 세계화가 시작되면서 중소기업, 특히 내수를 기반으로 한 중소기업은 심각한 위험에 직면했다. 대자본은 글로벌이라는 이름 아래 전 세계적인 규모에서 국적과 무관하게 부품소재를 조달했고 개방이 확대됨에 따라 중국의 저가 공산품이 한국시장을 빠르게 파고들었다. 여기에 2003년 이후 본격화된 내수 침체는 중소기업을 심각한 상황으로 내몰고 있다.

IMF 이후 인위적인 경기 부양에 따른 생계형 자영업의 급증이 한동안 한국의 고용상황을 완충했던 요인이다. 과거에는 농촌에 광범위하게 남아 있는 농민이 문제였지만 이제는 도시에 밀집된 생계형 자영업자가 경기침체, 구조조정의 직격탄을 맞고 있다. 이것이 의미하는 것은 한국적 특수성으로 인해 민중을 노동자로 단순화할 수 없다는 것이다. 한국사회의 구조는 노동자와 함께 자영업자를 염두에 두어야만 민중의 생활상이 총체적으로 드러난다.

자본 또한 마찬가지다. 전근대적인 잔재가 남아 있는 상태에서 세계화가 더해지면 대자본과 중소기업의 차이와 종속관계는 더욱 심해진다. 어쩌면 2008년 한국의 중소기업 사장들은 거래관계가 끊길까봐 정당한 요구조차 제대로 하지 못하는 속물근성(?)을 가진 나약한 존재일지 모른다.

진보진영은 고유의 논리체계를 통해 세상을 보는 버릇이 있다. 하지만 현실을 바로 보자. 이러한 사실이 말하는 것은 '노동자-자본가'라는 단일 프리즘이 한국적 현실과는 맞지 않다는 것이다. 자영업자와 중소기업까지 포괄해야 비로소 한국의 경제현실이 제대로 설명되고, 그에 근거해야만 연쇄적으로 민족, 국민경제, 다양한 계급계층의 존재와 연대연합의 중요성이 도출되는 것이다.

5장

새로운 이론의 구상이 필요하다

종속성의 재구성

주류 운동이론은 1980년대 중후반 체계화된 것이다. 그로부터 시간은 20년이 지났다. 10년이면 강산도 변한다는데 과학기술이 초고속으로 변화하고 있는 21세기라면 더 말할 필요조차 없을 것이다. 그렇다면 무엇이 어떻게 변화했는가?

군사에서 경제로

대체로 1960년대 아프리카를 끝으로 19세기 말 시작된 군사적 강점에 기초한 난폭한 제국주의의 시대는 끝났다. 1960년대 이후 어느 정도의 인구 규모와 기초 토대를 갖춘 나라들은 다른 나라의 군사적 침략을 용인하지 않는 단계로 접어들었다. 예외가 있다면 이스라엘의 팔레스타인 침략을 들 수 있는데 이는 전쟁이라기보다는 일종의 학살이다. 1991년 1월 1차 걸프전 당시 미국은 쿠웨이트에 침공한 이라크 군을 격퇴했지만 이라크 영내로 진입하지는 않았다. 이를 무시하고 벌어진 전쟁이 미국의 베트남 침략, 소련의 아프가니스탄 침략, 미국의 아프가니스탄 침략과 이라크 침략이다. 미국이 베트남과 이라크, 아프가니스탄에서 그리고 소련이 아프가니스탄에서 어떻게 당했는가는 잘 알려져 있다.

20세기 중반을 넘어서면서 타국 군대의 강점을 용납하는 시대가 끝난 것은 국민주의, 애국주의, 민족주의와 같은 근대적 이념이 보편화하면서 군사적 강점에 의한 직접지배가 불가능해졌기 때문이다. 이로부터 조악하고 난폭한 제국주의는 새로운 형태의 제국주의, 이를테면 해당 국가의 엘리트를 통한 간접적인 방식으로 넘어간다. 이것이 신식민주의다. 새로운 형태의 제국주의와 신식민주의에서 서방세계는 포드주의, 케인스주의, 사민주의와 같은 너그러운(?) 형태를 띠고 있었고 미소냉전이 지나친 수탈을 제어하고 있었다. 한국과 대만 등이 자본주의화, 근대화에 성공할 수 있었던 것은 이러한 시대적 상황과 밀접한 관련이 있다.

1990년대 미소냉전의 붕괴는 또 하나의 극적인 계기가 되었다. 1980년대 초반 레이건 행정부에서 비롯된 신자유주의는 1990년대 미소냉전의 해체와 금융자본의 팽창을 계기로 성장하면서 전 세계를 석권하기 시작했다. 이를 계기로 선진부국과 개발도상국, 후진국과의 관계는 군사적 강점과 정치적 내정간섭에 의한 강압적인 수탈에서 외환, 금융의 개방화에 기초한 금융적·경제적 수탈의 형태로 이동한다.

신자유주의는 포드주의, 케인스주의, 사민주의 등의 사조와 미소냉전이라는 국제질서가 해체되는 조건에서 출현했고 개발도상국, 후진국의 경우 군부체제에 대한 저항이 일정한 수준을 넘어서고 있었기 때문에 신자유주의에서는 선진국과 개발도상국, 후진국 사이의 관계가 새로운 형태로 조정된다.

신자유주의의 교과서쯤으로 불리는 워싱턴 컨센서스에는 신자유주의 전파에 유리한 정치적 조건으로 '대상 국가의 선거를 잘 이용할 것' '중도성향을 가진 2개 정당의 연합정권' '대통령의 권한 강화'(강상구 지음,《신자유주의의 역사와 진실》) 등을 들고 있다. 즉 군부독재에 대한 대중적 저항이 일정한 선을 넘은 상황에서 신자유주의적 구조조정에 군부가 전면에 나선다면 대규모 저항을 야기할 것이므로 중도 성향의 2개 정권을 연합시키는 것이 효과적이며, 선거의 경우에도 군부독재 체제에서의 선거가 군부정권을 재생산하는 도구와 같다면 신자유주의에서는 군부를 몰락시키고 신자유주의 구조조정을 추진할 개량 정권을 출현시킬 수 있는 조건이라고 보는 것이다.

실제로 대부분의 구조조정은 기존의 군부 우파가 아니라 개량화된 좌파, 민선정부에 의해 추진되는데 1990년대 중반 유럽에서의 '제3의 길', 중남미에서의 아르헨티나와 브라질, 한국에서의 1998년 DJP 연합정권 등이 그러하다.

전근대적 매판체제에서 보수엘리트 체제로

제국주의와 식민지 사이의 관계도 꾸준히 발전했다. 이는 제국주의 본국의 요구 때문이기도 하고 미소냉전이라는 국제환경의 변화 때문이기도 하며 종속국 내부의 정치적 역관계의 변화 때문이기도 하다.

이전 시기의 매판세력은 제국주의 본국에 의해 육성되고 양성된 세력이었지만 시간이 지나면서 이들은 독자적인 메커니즘과 정치적 역량을 구비한 정치세력으로 발전했다. 이에 따라 종속국 내부의 대립전선 또한 변화하기에 이른다. 가장 중요한 변화는 민주주의에 대한 태도다. 이전 시기 한국의 민주주의는 다분히 허구적·형식적 성격을 가지고 있었다. 따라서 사회변화를 지향하는 정치세력은 허구적 민주주의에 대해 진정한 민주주의를 주장했다. 또 보다 근본적인 변혁을 주장하는 세력은 정치일정과 무관하게 운동역량의 축성을 중시했다. 주류 운동진영에서 운동의 시기를 '준비기-결정적인 시기'로 구분하는 것이 대표적인데 이에는 선거일정에 대한 고민이 아예 없었다.

그러나 민주주의를 둘러싼 각축이 심화되고 전반적인 국민의식이 높아지면서 절차적 민주주의는 서서히 사람들 마음속의 공인된 가치로 인정되기에 이른다. 이제는 누구도 헌정질서 자체를 근본적으로 부정하지 못하는 단계로 접어들었다. 2004년 탄핵사태나 2008년 촛불시위가 이를 잘 보여준다. 2004년 탄핵사태에서는 보수적인 사람들조차 노무현 대통령의 탄핵에 대해 극도의 혐오감을 보였고 2008년 촛불시위에서는 수백만 명이 거리에 진출했음에도 불구하고 선거로 당선된 이명박 대통령을 어쩌지 못했다. 이것이 공통으로 의미하는 바는 헌정질서에 대한 존중감이다.

이로부터 민주주의를 둘러싼 각축은 '사이비 민주주의 대 진정한 민주주의' '파쇼 대 민주'의 싸움에서 '의회민주주의 대 직접민주주의' '제한적 민주주의 대 전면적 민주주의' '엘리트 민주주의 대 대중적 민주주의'로 발전했다.

군부에 의해 간신히 지탱되는 별 가진 것 없는 수준의 매판세력이라면 절차적 민주주의 자체가 부담스러울 수 있지만, 상당히 발전된 보수엘리트 세력이라면 의회를 무대로 하여 전문가, 특권집단 내에서 벌어지는 제한적인 수준의 민주주의는 권력을 안정적으로 재편하는 데 큰 문제가 없다. 박세일 등 보수세력의 이데올로그들이 자유주의, 법치, 엘리트정치, 대의민주주의를 강조하는 이유가 여기에 있다.

그런데 직선제의 경우 신자유주의 양극화가 심화된 조건에서 민중의 새로운 무기로 발전하고 있다. 중남미에 들어선 대부분의 좌파정권들은 대통령 직선제를 통해 출현했으며 중동에서는 헤즈볼라나 하마스 같은 급진세력이 선거를 통해 승리하는 극적인(?) 일이 벌어지기도 했다. 2002년 대통령 선거에서 비주류 중 비주류인 부산상고 출신의 노무현 후보가 당선될 수 있었던 것도 신자유주의 아래에서 직선제가 갖는 의미를 잘 보여주고 있다.

2008년 촛불시위는 2002년 대선에서 출현한 노무현 정권이 2005년을 경계로 하여 두터운 보수엘리트층에 의해 신자유주의에 함몰되는 역사적 상황에 대한 반성에 기초하여 보다 적극적이고 근본적인 민주주의의 요구를 담고 있다. 촛불은 직선제라는 선거일정에 기초한 대중적인 진출과 함께 선거와 무관한 시점에라도 필요하다면 대중의 의사를 따라야 한다는 보다 적극적인 내용을 담고 있다. 이는 2008년 상반기의 촛불시위가 2010년 중간선거의 성격을 가질 지방선거를 2년이나 앞두고 벌어진 것을 보면 잘 알 수 있다. 촛불은 선거와 무관한 1970~80년대식의 전민항쟁을 요구한 것이 아니라 아무 때라도 국민의 의사에 따라 보수엘리트 집단을 국민의 의사에 복종시킬 수 있는 제도화된 직접민주주의를 요구한 것이다. '모든 권력은 국민으로부터 나온다'

는 헌법조항이 촛불의 전면을 장식한 점은 이를 잘 보여준다. 만약 국민소환제 같은 제도적 장치가 마련되어 있었다면 이명박 대통령은 심각하게 궁지에 몰렸을 것이다.

통일운동의 새로운 지향

① 저항적·혈연적·유기적 민족주의와 수평적·계약적·자율적 애국주의

한국의 민족주의는 저항적 성격을 갖고 있다. 이는 일제 침략시대를 지나온 만큼 당연한 일이다. 그러나 최근 경향은 저항적 성격보다는 한미관계의 불평등 시정과 같은 보다 수평적 성격을 띠고 있다. 전통적인 한미관계의 불평등성과 신세대의 진취적이고 적극적인 애국주의가 극적으로 충돌한 것이 2002년 여중생 시위라고 볼 수 있다. 저항적 민족주의에서 수평적 애국주의로의 변화는 미국의 개입이 구체적이고 노골적인 행태에서 보다 정교하고 고도화해진 점, 보수엘리트 체제의 성장, 민주주의의 발전과 같은 밑으로부터의 역동적인 발전 등과 관련이 있다. 따라서 섣부르게 모든 사안을 반미와 연결시키려는 어설픈 시도는 지양되어야 한다.

이전 시기 한국의 민족주의는 같은 동포라는 점, 즉 같은 조상과 피를 나눈 형제라는 성격이 강했다. 단군의 후손이라든가 이산가족 간 오랜 그리움에서 보여준 감정 등이 그런 것이다. 그러나 시간이 흐르면서 계약적 성격이 강해지고 있다. 즉 형제자매라는 혈연적 의미보다는 너와 내가 어떤 감정이나 신념을 공유하고 있는가 하는 점이 중요해지고 있다. 정서와 감정에 호소하는 통일운동이 약화되고 통일의 당

위성에 대한 동의 정도가 옅어지고 있는 것은 이러한 변화와 밀접한 관련이 있다. 반면 촛불시위 등을 거치면서 '모든 권력은 국민으로부터 나온다'나 뉴라이트에 대한 혐오감의 증대와 같이 동일한 정치적 신념에 기초한 계약적 성격의 집단주의가 강화되고 있다. 따라서 통일 운동은 정서와 감성에 호소하기보다는 정치적·경제적 측면을 중심으로 하여 통일의 필요성을 합리적으로 설득할 필요가 있다.

저항적·혈연적 민족주의는 본질적으로 유기적 성격을 갖는다. 민족을 구성하는 각 개인은 민족 전체의 운명과 자신의 운명을 일치시키며 자신이 처한 위치에서 책임과 역할을 다해야 한다. 이는 압도적인 제국주의에 맞서 전통적인 농업사회가 자신의 공동체를 고수하려는 과정에서 배태된 필연적 특징이다. 일제시대 영웅의 출현을 갈망했던 신채호의 정서가 그런 것이다.

그러나 시대가 발전하면서 유기적 성격 대신 각 개인의 자율성과 집단 전체의 정체성을 조화시키는 새로운 형태의 애국주의가 출현하고 있다. 2008년 촛불시위에서 사람들은 '모든 권력은 국민으로부터 나온다'며 직접민주주의의 발전 또는 헌정의 진정한 수호를 참가자 모두를 하나로 엮는 정체성으로 확인한 반면 그에 반하지 않는 범위의 자율적 참여는 보장하는 유연한 형태의 집단주의를 구현했다. 이는 폭력에 대한 두려움, 불투명한 미래에 대한 개인적 고민을 억제하고 전두환 정권과의 일전불사라는 목표에 모든 것을 복속시켰던 386세대의 집단주의와는 다른 것이다. 이러한 발전은 민주주의의 진전, 인터넷 문화의 발전 등에서 기인한 것으로 20여 년이란 시간만큼의 역사발전을 토대로 하고 있다.

2002년의 월드컵, 2008년의 촛불시위가 개인의 자율성이 존중되는 새로운 형태의 집단주의의 위력을 과시한 반면 주류 운동진영은 여전히 유기적 성격의 집단주의를 강하게 내포하고 있다. 양자의 차이는 촛불시위 공간에서 극명하게 드러났다. 오와 열을 맞춘 질서정연한 운동진영이 상황에 걸맞은 탄력성과 유연성을 보여주지 못한 반면 자율성을 존중하는 촛불대오는 유연하면서도 역동적인 저력을 보여준 데서 확연히 드러난다. 주류 운동진영은 이러한 시대적 변화를 기민하게 포착하고 운동진영의 체질과 문화를 시급히 개선해야 한다.

민족주의는 남과 북, 해외동포라는 공통의 혈연과 언어를 가진 민족집단을 대변하는 공통의 이념과 지향을 의미한다. 그러나 이는 분단이 장기화되고 남북 사이의 이질화가 심화되면서 대단히 느슨한 정서적 형태로 변화하고 있다. 북의 민족주의가 전통적인 민족주의에 가깝다면 남의 애국주의는 시대의 변화와 함께 커다란 변화를 겪고 있고 새로운 집단적 정체성과 전투적 역동성을 강화해가고 있는 중이다. 그리고 남에서 형성 강화되고 있는 수평적·계약적·자율적 애국주의는 남북이 공통으로 가지고 있었던 전통적 민족주의 또는 북의 저항적·혈연적·유기적 민족주의와는 상당한 차이를 내포하고 있다.

② 1960년대의 패러다임에서 벗어나야 한다

주류 운동진영의 통일관은 통일과 반미 그리고 통일과 분단된 민족의 재결합, 통일과 남북을 포괄하는 자립경제의 궁극적 완성 등의 의미를 함축하고 있다. 엄밀하게 말하면 이러한 형태의 통일은 1960~61년 사이에 가능했다. 즉 분단이 오래되지 않았고 북에 중공업과 지하자원이 풍부한 반면 남은 전통적인 농업사회이며 국제 경제질서가 선진부국으로부터 민족 단위의 자립적 경제질서를 필요로 하던 시기의 산물이다. 386세대는 민주화운동의 성과를 계승하여 통일운동을 전투적으로 복원했다. 학생들은 미국과 군부의 역사적 시원을 찾아 이들의 정치도덕적 근거를 뿌리로부터 흔들었다. 《해방전후사의 인식》이 386세대의 사상적 원천이 되었던 것은 이러한 이유 때문이다.

그러나 '해방전후사'만 해도 1980년대 중후반에는 이미 40년 전의 일이다. 역사적 시원을 찾아 운동의 수준을 한 단계 높이는 것도 중요한 사상이론적 과제지만 보다 중요한 것은 시야를 현재와 미래에 두고 해방전후사를 재해석해 이를 현재와 미래의 과제와 연동하여 발전시키는 것이다. 문익환 목사와 임수경이 방북하고 통일운동의 대중적 진출이 역동적으로 벌어지던 1980년대 말 1990년대 초반만 해도 이미 1960~61년의 현실과는 많이 달라져 있었다.

미소냉전이 해체되어 동북아시아에 일시적으로 정치군사적인 진공상태가 조성되었고, 민족자립경제의 국제적 배경이 되는 사회주의 경제권은 이미 사라지고 없었다. 반면 남의 독점자본(1989년 정주영 방북, 1992년 김우중 방북)은 신흥시장 북과 사회주의 경제권의 문을 두드리고 있었고, 북은 사회주의권을 대체할 새로운 에너지와 자본의 원천을 애타게 찾고 있었다. 그러나 문익환과 임수경 그리고 당시의 386세대는 '통일만이 살 길'이라는 1960~61년의 패러다임에 갇혀 있었다. 통일운동의 동력을 남북이 각기 놓인 정치사회적인 현실로부터 실감 있게 도출하지 못했던 것이다.

상황이 그러했기 때문에 1980년대 말 1990년대 초반의 역동적인 통일운동은 미국의 패권이 구체적으로 동북아시아를 재조직하는 시점에 이르러 빠르게 고립되었고 그 시점의 말미쯤 발생한 것이 연대사건이다. 그러나 연대사건 이후의 통일운동도 여전히 1960~61년 패러다임에 묶여 있었다. 상황을 더욱 악화시킨 것은 연대사건에서 비롯된 비장함이 상황에 대한 과학적 분별력과 깊이 있는 성찰을 가로막은 점이다. 이로 인해 1998~2007년의 10년 동안 통일운동은 '통일만이 살길'이라는 옛 버전을 동어반복처럼 되풀이하며 시간을 갉아 먹고 있었고, 김명철·한호석 류의 환상적인 통일관이 앰플주사와도 같이 통일운동의 지체를 합리화해주고 있었다.

오바마 행정부에서의 북미협상은 최후의 극적인 승부를 겨룰 것이

[표 5-1]

		구식민지 시대	신식민지 시대	1990년대 이후
한미관계	종속의 기본구조	군사적 종속	정치적 간섭	금융과 경제
	탈종속의 목표		자주적 민주정부	외환과 금융의 자율성
	시기	~60년대	~90년대 초반	1990년대 이후 IMF 이후 전면화
한국 내부	민주주의에 대한 태도		전민항쟁 민주와 독재	헌정질서 존중 민주주의의 심화
	청산 대상과 사회의 발전 정도		군부와 전근대적인 매판세력 봉건적 유제가 남아 있는 산업자본주의	민간 대자본과 보수엘리트 체제 산업자본주의와 지식정보화
통일과 국제질서	통일의 의미			통일은 제한적 의미
	통일의 이념적 기준		저항적·혈연적·유기적 민족주의	수평적·자율적·계약적 애국주의
	국제관계	사회주와 자본주의		미-중 간의 거대한 불균형 점진적인 세력 재편 범지역연합의 중요성

다. 그러나 그것이 한국 내정에 미칠 영향력은 제한적이다. 문제의 핵심은 신자유주의의 폐해 속에서 한국 민중의 요구와 정서에 맞게 통일의 현실적 의미를 설득력 있게 설파하고 이를 통해 한국 내부로부터 적극적인 동력을 형성해내는 것이다. 통일운동은 한국 민중의 입장에 굳건히 서서 통일운동의 새로운 지평을 열어야 한다. 이상의 내용을 도표화하면 [표 5-1]과 같다.

새로운 파워의 진원지는 어디인가

주류 운동진영의 전통이론은 노동자, 농민, 학생을 중시하는데 이는 한국사회가 봉건잔재가 남아 있는 산업자본주의 사회라는 인식에 기초하고 있다. 이에 따르면 노동자는 저임금과 장시간 노동에 시달리는 균질화된 제조업 노동자, 농민은 자본주의의 미성숙 또는 파행성으로 인해 농촌에 광범위하게 퇴적된 노동자의 동맹군, 학생과 인텔리는 근대화, 산업화의 미발달로 민족적·계급적 모순에 민감하고 학교라는 집단에 밀집된 선도적 역량 등으로 구분한다. 그러나 주류 운동이론이 탄생한 지 20여년의 시간이 지난 지금은 어떨까?

수도권과 지방

1987년 6월항쟁과 1997년 선거승리(2002년부터 부분적으로만 유효)의 원동력은 광주와 호남이었다. 1980년 광주항쟁 이후 광주와 호남에서 발원한 강력한 민주화 동력이 수도권의 개혁적 청년층과 연대하여 민주화의 동력이 되었다고 할 수 있다.

그러나 2007년 대선과 2008년 촛불시위를 거치며 상황이 달라졌다. 2007년 대선에서 호남은 정동영 후보에게 표를 몰았지만 승패를 바꾸기에는 역부족이었고, 2008년 촛불시위의 압도적인 동력은 서울과 수도권이었다. 이러한 현상이 나타는 이유는 첫째, 민주화에서 신자유주의로 전선의 질이 이동했고, 둘째, 신자유주의의 심화가 주로 수도권을 중심으로 이뤄지면서 호남을 포함한 지방인구가 급격히 줄었기 때문이다. 이는 부산과 영남의 경우에도 마찬가지인데 멀지 않은 시점에 도시 서열은 '서울-부산-대구'가 아니라 '서울-인천-부산'으로 바뀔 것이고 울산, 창원, 대전, 전주 등 산업이 밀집되어 있는 도시나 지방의 유력시들은 적어도 인구 면에서는 수원, 안양, 안산 등 서울의 위성도시들에게 밀리게 될 것이다.

반면 주류 운동진영에서는 대도시 서민들을 조직하려는 노력 대신 이미 조직화된 대오를 중심으로 한 무모한 서울 상경투쟁, 농민운동에 대한 과도한 의존, 간부역량의 지방 충원 등이 반복되었다. 이 괴리를 단적으로 보여준 사건이 2006년 11월 한미 FTA 반대 싸움이다. 그동안 숱하게 이뤄졌던 서울 상경투쟁은 비교적 간단하게 공권력에 의해 좌절되었지만 2006년 11월 노동자와 농민, 사회단체 회원으로 구성된 시위대오는 지방의 도청 소재지를 강력히 압박하며 위력을 과시했다. 이것이 의미하는 바는 공권력은 서울과 수도권에 집중된 반면 사회경제적 차별과 소외감은 지방과 농촌을 중심으로 형성되어 있다는 것이다.

이는 전 세계적인 차원에서 벌어진 도시집중과 연관된 필연적인 현상으로 전통적인 노농동맹, 민족·계급적 관점으로는 설명할 수 없는 새로운 양상이다. 자본주의가 발달하기 이전에는 지방에 상당수의 인구가 남아 있기 때문에 지방에서 발원한 운동이 도시를 압박해 들어가는 형태의 운동이 가능했지만 지금은 도시에서 이기는 자가 승리자가 된다. 특히 한국은 그 중에서도 수도권 밀집도가 가장 높기 때문에 운동을 수도권과 지방으로 양분하여 구상하는 새로운 발상이 필요하다.

향후에는 지방에서 발원한 동력이 서울로 북상하는 형태의 대중운동(가령 1987년 7~9월 노동자투쟁, 1987년의 대선 양상 등)은 존재하지 않을 것이다. 설사 지방에서 운동이 벌어지더라도 그것이 지방에 한정되는 한 대세를 뒤집지 못할 것이다. 향후 운동의 양상은 서울 강남과 강북·경기가 대치하는 전선이 중심이 되고, 지방은 수도권의 판세를 가감하는 보조적인 위치에 남게 될 것이다.

'봉건적 잔재가 남아 있는 산업자본주의' 라는 인식의 문제점

1987년 노동자 대투쟁을 계기로 하여 저임금·저곡가체제는 심대한 타격을 입었다. 1987년을 고비로 민주화 국면이 신자유주의로 이동하면서 민간 대자본은 노동조합으로 조직된 대기업 정규직 노동자와 여타 노동자를 분열·배제하는 이중전략을 택했다. 그럼에도 불구하고 주류 운동진영의 인식은 봉건적 잔재가 남아 있는 산업자본주의라는 전통적인 인식에 묶여 있었다. 이러한 인식상의 낙후함은 심각한 폐해를 남겼다.

첫째, 주류 운동진영의 핵심 활동가들이 1980년대 중후반의 한국사회에 시야가 고정되어 세상을 경영할 능력과 전망을 상실했다.

386 대학생들은 졸업 후 제조업 노동운동이나 농민운동에 투신했

고 노동운동과 농민운동의 성장에 발맞춰 민주노총, 전농, 민주노동당 등이 현실화되었다. 그러나 세상은 이미 중후장대형 제조업과 저곡가에 시달리는 농촌에서 금융, IT로 무장한 지식정보화 물결과 국경을 뛰어 넘는 글로벌 제조업으로 변모했다. 이 시간의 변화를 메우기 위해서는 부단한 사상이론적인 탐구와 각고의 노력이 필요함에도 불구하고 대다수의 주류 활동가들은 20여 년 전의 이론과 조직행동 중심의 성향을 갖고 있다. 이러한 간극 때문에 정작 민주노총, 전농, 민주노동당의 집행부를 장악했어도 이를 무대로 더 넓은 세상에 도전하는데는 실패했다. 그 참혹한 결과가 2008년, 민주노동당의 분당과 촛불시위에서의 무기력, 금융위기에 대한 무지로 드러났다.

둘째, 중후장대형 제조업 노동자의 활동방식과 구성 부분이 갖고 있는 한계에서 드러난다.

이들은 1987년 7~9월, 기업별 차원의 가혹한 저임금구조를 깨는 과정에서 발전했고 전통적인 오프라인형 운동, 즉 노동조합과 중층화된 의사결정 구조, 거리집회와 시위에 익숙했다. 사회 전체가 이미 온라인에서의 의사결정과 조직, 수평적이고 신속한 네트워크형 의사결정 구조로 빠르게 변화하고 있는 조건에서 이들의 활동방식과 구호는 점차 시대에 뒤떨어진 낡은 것이 되고 있었다. 상황을 결정적으로 악화시킨 것은 이들이 신자유주의의 폐해가 본격화되는 상황에서 청년세대를 껴안으려는 대담한 노력 대신 조그마한 기득권을 지키려는 안타까운 후퇴를 거듭하며 시간을 흘려버린 점이다. 지금 노동운동 주역들의 평균 연령은 40대 중반을 넘어서고 있다. 개개인의 활동가들에게 나이는 단지 숫자의 문제일 수 있지만 사회역사의 견지에서 볼 때

물리적인 나이는 자연법칙과도 같이 냉엄한 것이다. 시대변화는 피 끓는 20~30대 청년들의 것이지 40~50대 중년과는 거리가 멀다.

셋째, 중국과 같은 주변부에서 중공업이 급속히 발전하고 이에 대응하는 민간 대자본의 해외투자가 활성화되면서 중화학공업에 기초한 제조업 노동운동의 지반을 갉아 먹고 있다.

향후 다수의 노동조합이 범사회적인 요구가 아니라 점차 엷어지고 있는 산업자본주의의 토대를 지키기 위해 단위 사업장의 구조조정에 발이 묶일 가능성이 커 보인다.

수도권에 밀집된 20~30대 청년과 고학력 386세대

향후 한국사회의 향방은 수도권에 밀집된 20~30대 청년들에 의해 좌우될 것이다. 이들은 1987~97년 산업자본주의에 기초한 내수 확장기가 마무리된 후 신자유주의가 본격적으로 내습하던 시기에 자랐고 최첨단 인터넷 문화에 익숙하며 이미 정규직으로 채워진 사회질서에서 최말단에 위치하고 있다. 이들에게 주어진 과제, 가령 고용, 주거, 의료, 보육 등의 문제는 근본적인 사회개혁이 없이는 해결이 불가능한 것이다. 공장과 건물을 지어 실업을 해결하고, 막대한 제조업의 설비투자가 일자리를 만들어내던 시대는 이미 끝났다. 불안정한 비정규직 신분으로는 턱없이 높은 주거비, 의료비, 보육비 등을 해결할 전망이 없다. 오로지 시대와 정면으로 맞서 자신의 문제를 해결하는 것 말고는 달리 길이 없다. 역사는 벼랑 끝에 서야 비로소 해결의 실마리를 보이는 법이다. 2007년 8월 이후 본격화된 신자유주의의 세계적 위기는 한국의 청년세대에게 중대한 선택을 강요하고 있다.

다음으로 중요한 집단은 수도권에 밀집된 고학력 386세대다. 이들은 첫째, 민주화운동의 경험이 풍부하며, 둘째, 베이비 붐 세대로 인구의 다수를 차지하고 있고(1955~74년생까지가 1650만 명으로 전체 인구의 34퍼센트를 차지하고 있다), 셋째, 금융과 IT 등 선진 생산력과 문화를 체현하고 있으며, 넷째, 고학력 세대다. 2008년 촛불시위도 시작은 중고생들이 했지만 촛불시위 전 과정에서 여론의 향배를 좌우하고 거리의 다수를 차지했던 이들은 386세대다. 앞으로도 결정적인 시기에 균형을 무너뜨릴 중요한 세력이다.

끝으로 대도시의 자영업자, 도시빈민, 사회적 취약층을 생각해볼 수 있다. 경제위기가 본격화되는 조건에서 이들의 동향은 운동의 파괴력을 가감하는 역할을 할 것이다. 그런데 여기서 짚고 넘어가야 할 점이 있다. 근래 중남미의 사회변화가 주목을 받고 있다. 그러나 한국과 중남미 사이에는 중요한 차이가 있는데, 한국이 민간 대자본과 첨단 IT산업이 상당히 발달한 자본주의 사회라면 중남미는 산업기반 자체가 별반 없는 사회라는 점이다. 그렇기 때문에 중남미의 사회변화가 탁월한 지도자가 저학력 빈곤층을 집단적으로 동원하는 후진적인(?) 양상을 띠었다면 한국에서는 수도권에 고도로 집중된 고학력 청년층이 첨단 자본주의 사회에 도전하는 새로운 양상을 띠게 될 것이다. 따라서 대도시의 빈민층을 중시하되 청년세대, 고학력 386세대를 중심에 두고 사고하는 것이 옳다고 본다.

의제를 확장해야 한다

봉건적 잔재가 남아 있는 산업자본주의 시대라면 운동의 핵심 의제가 저임금·저곡가체제일 수 있다. 그러나 산업자본주의와 첨단 지식정보산업이 공존하는 시대라면 대중적인 의제는 고용, 교육, 의료, 보육 등의 공공서비스에 대한 태도가 될 것이다.

이명박 정권 아래에서 벌어진 최초의 강력한 저항의 주체가 과도한 입시경쟁에 찌든 중고등학생이었다는 점은 시사하는 바가 크다. 이들은 2003~06년 자산버블 국면에서 벌어진 무한 입시경쟁에 대한 저항을 자신들의 처지에 맞게 보여주었다. 향후에도 전선의 중심은 대도시에 집약된 사교육, 주거, 고용 등의 문제에서 형성될 가능성이 크다. 시대의 속도가 빠른 만큼 관심과 의제는 저임금, 저곡가에서 고용, 교육, 의료를 넘어 안전한 먹거리, 친환경에너지 등으로 발전하고 있다. 2008년 촛불시위에서 안전한 먹거리를 원하는 대도시 소비자의 요구가 생산자로서의 축산농가의 요구를 압도했던 것은 이러한 시대적 변화를 상징하는 것이다.

주류 운동진영은 국민건강권, 로컬푸드, 친환경에너지 등 이전에는 관심조차 없었던 문제들에 대해 진지하게 고민하고 이들 운동과 주류 운동을 접목시켜 운동의 대오를 양적으로, 질적으로 확대강화해야 한다. 이상을 도표화하면 다음과 같다.

[표 5-2]

	~70년대	~95년	1995년 이후
지역	농촌, 도시빈민촌	수도권과 지방의 결합	수도권 중심, 지방은 보조
주체	다수의 농민 소수의 노동자와 학생	제조업 노동자와 농민 소수의 학생과 인텔리	청년 비정규직 금융, IT 등 첨단산업 노동자
핵심 의제	고율의 소작료	저임금, 저곡가	고용, 교육, 의료 등
조직 방식		노동조합, 학생회	온라인과 오프라인

대중운동의 혁신

촛불시위를 둘러싼 두 가지 평가

2008년 촛불시위에 대한 진단 자체는 대체로 동일하다. 그러나 이에 대한 해법은 상이하다. 이제 소개할 두 가지 입장은 양 극단의 평가지만 대부분의 사람들이 두 갈래 견해의 중간 어디에서 자신의 의견을 세우고 있을 것이다.

첫째, 촛불시위를 대중의 자발적인 진출로 보고 운동진영이 보다 선도적인 입장에서 이를 지도해야 한다는 입장이다. 이 입장은 촛불시위와 진보진영이 괴리된 이유에 대해서, 운동진영이 갖고 있었던 노선, 활동방식 등에서는 커다란 문제가 없었는데 단지 헌신성, 전투성, 열정 등이 부족했기 때문이라고 진단한다.

둘째, 촛불시위는 주류 운동진영의 노선과 활동방식에 근본적인 문제점을 제기하고 있으며, 이에 맞게 운동진영을 전면적으로 쇄신해야 한다는 입장이다.

주류 운동진영의 다수는 여전히 전자에 입장에 서 있는 것으로 보인다. 마치 1996년 연대사건 직후 보였던 학생들의 반응처럼 초조함과 위태로움, 무언가 모를 회의감을 감춘 채 신념, 원칙 등을 강변하며 상황을 돌파하려 하고 있다. 필자는 후자의 입장에 서 있다. 2008년 주류 운동진영은 세 가지 점에서 중대한 한계에 봉착했다. 첫째는 조직역량과 대중적 동력 사이의 괴리, 둘째는 대중적 동력과 정치적 권위 사이의 괴리, 셋째 급변하는 정세와 전통적인 인식구조 사이의 괴리다.

주류 운동진영의 조직된 역량은 영남의 제조업 노동운동과 농민이지만 실제 대중적 진출의 진원지는 대도시 청년이거나 고학력 386세대다. 촛불시위 과정에서 민주노총은 무기력했으며 전농은 존재감이 없었고 주류 진영의 학생운동은 거리의 대중과 어울리지 못했다. 향후에도 크게 다르지 않을 것이다.

촛불시위의 주동력은 민주당에 대해 강한 적대감 또는 무관심을 드러냈다. 참여연대, 민변, 천주교정의구현사제단 등 민주화운동 과정에서 대중적 신망을 받던 주요 단체들도 크게 다르지 않았고 주류 운동진영이 집행부를 장악했다고 믿는 민주노동당, 민주노총, 전농도 마찬가지다. 향후 범민주진보진영의 정치적 권위는 앞서 언급한 새로운 세대의 이해와 요구, 지향과 감수성을 대변하는 세력에게 주어질 것이다. 그런 면에서 주류 운동진영은 환골탈태하는 대변화가 불가피하다.

주류 운동진영에서 촛불시위에 대한 고민은 그나마 많은 편이지만 2008년 10월 금융위기에 대한 진지한 토론은 거의 없다. 상층 다수는 여전히 자주와 통일과 같은 패러다임에 갇혀 있고 중하부 대중은 감각적으로 경제공부를 해야 한다고 느끼는 수준이다. 경제위기는 시작에 불과하다. 주류 운동진영의 낡은 패러다임은 시간의 경과와 함께 낙엽처럼 쓸려갈 것이다. 대하를 맨손으로 막으려는 어리석은 고집을 버리고 열린 자세로 새 시대에 합류해야 한다. 여기에서는 이러한 문제의식에 기초하여 주류 운동진영의 주요 혁신지점에 대해 언급해 보겠다.

어떻게 혁신할 것인가

① 학습

사실 주류 운동이론의 특징은 학습을 유난히 강조하는 것이다. 심지어는 GDP와 같은 양적인 지표, 사회관계의 변화보다 대중의 사상의식 수준을 보다 중시하기도 한다. 그러나 최근의 주류 운동진영은 이해하기 어려울 정도로 공부를 안 하거나 공부는 마치 식자층이나 하는 것처럼 폄하하는 경향이 있다. 솔직히 말하면 주류 이론을 제멋대로 취사선택하여 받아들인 변종이 너무 많다. 이러한 경향의 심화는 1996년 연대사건 이후 주류 운동진영의 폐쇄적인 대응과 밀접하게 관련이 있다. 과학을 부정하는 것은 파멸의 길이다. 좌경맹동적인 성향을 자랑스럽게 생각하는 행동 위주의 경향을 시급히 청산해야 한다.

학습이 중요한 이유는 첫째, 대중운동의 주 전선이 온라인, TV 토론 등에서의 논리적인 설득력과 대안에 있기 때문이다.

착각하지 말아야 한다. 조직과 투쟁은 단시간 내에 복구가 가능하지만 학습과 이데올로기는 오랜 시간의 내공과 피나는 수련이 필요하다. 이미 많이 늦었다. 현재 주류 운동진영은 대중을 설득할 만한 내용과 자세를 갖고 있지 않다. 따라서 다른 것을 다소 포기하더라도 시급히 학습하는 기풍을 일으켜 세워야 한다. 적어도 온라인 공간에서 의제와 담론을 제출하고, 이를 대중화시킬 수 있는 역량을 갖추어야 한다.

둘째, 현재 시기가 역사적 대전환기에 있기 때문이다.

역사적 전환기에는 제도권의 권위가 무너지고 비제도권의 이단적 조류와 경향이 출몰하고 경합하는 법이다. 바야흐로 백가쟁명의 시대가 도래하고 있다. 이 백가쟁명의 시대에는 시대와 대중의 이해와 요구에 부합하는 스타가 출현하고 사라지며, 시대에 부합하는 노선과 권력의지를 가진 집단이 대세를 좌우하는 법이다. 미네르바 현상이나 무당파층의 급증은 이러한 양상이 개화되고 있음을 보여주는 의미 있는 전조다.

2004년 이후 대중적인 공간이 주어졌음에도 불구하고 주류 운동진영에서 제대로 된 논객 하나 만들어내지 못한 데는 특별한 이유가 있는 것이 아니다. 그럴 만한 실력이 없었고, 실력을 키우려는 노력 대신 대중조직의 집행부나 장악하고 자신의 서클이나 챙기려는 변방의 관점을 갖고 있었기 때문이다.

② 조직노선

조직노선은 시대를 반영하며 가장 첨예한 이데올로기 논쟁을 함축하고 있다. 가령 러시아혁명 당시 당의 위상과 관련된 논쟁이 볼셰비키와 멘셰비키를 가르는 기준선이 되었고, 6월항쟁 당시 핵심 논쟁 중 하나가 무슨무슨 투쟁위원회와 같은 정치적 성격의 조직과 학생대중의 자주적인 대표조직인 학생회를 둘러싸고 벌어졌던 이유가 여기에 있다.

노동조합과 학생회는 봉건적 잔재가 남아 있는 산업자본주의 시대에 부합하는 조직노선이다. 산업자본주의 시대에 중후장대형 제조업 노동자는 공장에 모여 함께 노동했고 이에 부합하는 조직형태가 노동조합이었다. 학생회도 같은 맥락에서 유효했다.

그러나 세계 최고 수준의 인터넷 문화가 발달하고 그에 맞춰 생활공간이 같은 공간에 한정되지 않는 노동자, 학생들이 많아진 조건에서 노동조합과 학생회를 고집하는 것은 시대착오적일 수 있다. 2008년 촛불시위가 온라인 공간을 거점으로 번진 것은 시대의 변화를 그대로 보여주는 것이다. 시급히 온라인 공간으로 역량의 상당 부분을 이동시켜야 한다. 온라인 공간으로의 역량 이동은 단순히 역량의 재배치를 의미하는 것이 아니다. 지식정보화 사회의 출현은 시대변화를 함축하고 있고 이와 함께 표출되는 다양한 시대정신을 체현하고 있다. 따라서 온라인으로의 역량 재배치는 온라인에 집약되어 있는 새로운 시대와 호흡하는 사상운동이다.

민주집중제와 같이 집행부에 정보와 의사결정을 집중시키는 방식은 재고해야 한다. 민주집중제는 군부 시절과 같이 고도의 보안과 행동의 통일을 요구하는 시기에 필요한 조직운영 방식이다. 민주주의가 발달하고 대중의 자발성이 극대화된 조건에서는 정보와 의사결정의 상당 부분을 해당 단위 또는 대중에게 돌려주어야 한다. 비슷한 맥락에서 중층화된 의사결정기구를 간소화해야 한다. 대부분의 운동조직들은 대의원대회, 중앙위원회, 중앙집행위원회 등과 같이 중층화된 의사결정구조를 가지고 있는데 이런 방식으로는 의사결정한 후 그 결정내용이 전달되는 데만도 하세월이다.

여기서 거론하는 조직문제는 시대에 부합하는 수준에서 조직노선을 개선해야 한다는 주장이지만 현실은 이보다 참혹하다. 총학생회 사이의 연합으로 구성된 학생조직이 단위 학생회를 제대로 꾸리지 못한 조건에서 전국조직을 자임하는 것은 이들이 갖고 있는 민주주의에 대한 태도를 단적으로 보여준다. 정도의 차이는 있지만 여타 단위에도 이런 식의 자의적인 조직운영이 만연해 있는데 민주주의에 대한 태도를 보다 엄정히 해야 한다.

③ 대중노선

대중노선이란 대중 스스로 자신의 이해와 요구를 대변하여 투쟁하고 그 성과를 대중 자신이 취하는 것이다. 여기서 핵심은 '대중 스스로가 한다'는 점이고 대중투쟁의 목적은 적을 타격하는 데 있는 것이 아니라 투쟁을 통해 대중이 정치적으로 각성하는 데 있다. 이것이 주류 운동이론의 최대 특징이고 강점이자 6월항쟁의 빛나는 승리를 열어낸 결정적인 고리다.

그런데 최근에는 대중투쟁보다는 조직역량을 중심으로 대중의 이해를 일방적으로 전달하는 방식에 익숙해 있고 급조된 선도투쟁이 남발되고 있다. 심지어는 투쟁제일주의와 같은 맹동적 경향이 이를 부추기고 있다. 사실 지난 10년간 이 대중노선의 오류가 운동역량을 소진한 핵심 원인 중 하나다. 1년 내내 밑도 끝도 없이 연이어 행사가 벌어지는데 충분한 합의와 동의 없이 활동가를 동원하여 천편일률적으로 행사를 진행했다. 대중의 참여는 적은데 구호는 대중의 공감보다 높았고 피해를 최소화하기 위해 행사는 합법적인 틀을 유지했다. 구호와 연설은 높았지만 연설에는 공감대가 약했고 폴리스라인을 따라 행진하는 단조로운 방식에 흥이 날 수 없었으며 대중의 참여가 적어 창발성과 기세는 높지 않았다. 이러한 과정이 오랜 기간 반복되면서 대중투쟁이 대중을 각성시키는 공간이 아니라 이미 조직된 대중의 의무방어전이 되어버렸다.

대중투쟁은 대중의 절실한 이해와 요구를 정확히 반영해야 하고 구호와 연설은 현실을 반영해 생동감 있어야 하며 전술과 행사방식은 탄력적이고 역동적이어야 한다. 이를 가르는 중요한 기준은 대중의 참여 정도다. 대중이 폭넓게 참여하면 불필요하게 과격한 구호는 제어되고 전술운용의 폭이 넓어지며 대중적 기세와 열기도 높아지게 마련이다.

이명박 정부 아래에서 주류 운동진영은 상당한 희생과 부담을 지게 될 것이다. 대중의 희생과 탄압에 공감하여 용감하게 싸우되 목소리가 크고 함부로 투쟁을 선동하는 경향에 굴복하지 말아야 한다. 1987년 6월항쟁의 위대한 승리는 1986년 건대사건과 같은 좌경맹동주의를 청산하고 참다운 대중노선의 길을 개척하는 과정 속에서 가능했다. 정세가 격동하는 지금이야말로 대중노선, 대중투쟁의 관점과 원칙을 확고히 지켜야 한다.

④ 연대와 연합

연대와 연합의 핵심은 첫째, 이명박 정권에 반대하는 범국민적인 연합전선을 구축하는 것, 둘째, 2010~12년 선거에서 범민주진보진영의 공조를 실현하는 것이다.

전자에서는 이명박 정부의 언론 장악, 전교조 탄압 등에 반대하는 민주주의 세력과 서민생계 악화와 신자유주의적 구조개혁에 반대하는 진보진영의 연합이 중요하다. 범민주진보진영에서 양자의 연대와 연합이 빠르게 강화되고 있는 반면 이명박 정부는 범보수진영의 단합보다는 친정親政체제를 강화하여 보수진영 내부에서도 적지 않은 균열과 마찰이 발생하고 있다. 이런 차원에서 보면 이명박 정부의 미래는 어두워 보인다. 사실 이 연대연합의 기조는 상식에 속한다. 그런데 최근 주류 운동진영에서는 '민주노동당─진보연대─민주노총, 전농, 한대련' 등과 같이 역량을 배치하자는 견해가 수그러들지 않고 있다. 이런 수준의 비상식적 견해가 논란이 된다는 것 자체가 주류 운동진영이 비정상적인 상태에 있음을 보여주는 것이다.

후자에서 중요한 것은 다음의 세 가지로 보인다.

하나는 대도시청년, 386세대의 역동적인 에너지를 분출하는 것이다. 언제나 상층의 단결보다 중요한 것은 밑으로부터의 힘의 분출이다. 대도시 청년세대가 향후 어떤 길을 선택하느냐가 한국사회의 운명을 좌우할 핵심 열쇠이며 미래와 진보를 지향하는 운동진영이 근거해야 할 뿌리다. 이를 위해 대담한 세대교체가 필요하다. 앞서 밝힌 바와 같이 개개인에게 나이는 숫자에 불과할 수 있어도 집단과 역사의 견지에서 세대는 물리적인 법칙만큼이나 잔인하고 정확하다. 낡은 386세대(이제 나이가 들어 대부분이 40대 중반 이상인)의 관점과 감수성으로는 대도시 청년세대와 호흡하기 어렵다. 운동진영의 주요 보직과 역할을 30대 초중반을 중심으로 재배치하여 발흥하는 새 세대와 호흡해야 한다.

다른 하나는 강령과 노선을 올바로 세워야 한다. 노선의 중심은 대도시 청년층과 386세대의 지향과 감수성을 기본으로 하여 여러 다른 세력의 이해를 대변하는 것으로 재구성해야 한다.

　이를 위해서 주류 운동진영은 과도한 민족주의적 성향을 낮추고 고용, 교육, 주거 등 대도시 중서민 대중의 이해를 전면적으로 옹호하는 방향으로 노선을 수정해야 한다. 지금까지 주류 운동진영은 저임금·저곡가체제라는 낡은 패러다임을 그대로 유지한 채 상황에 떠밀려 미봉적으로 상황에 대응해왔다고 볼 수 있다. 상황이 이러했기 때문에 상층과 중하부 사이, 대중적인 공간에서의 발언과 기본적인 인식구조 사이의 괴리가 끊임없이 발생하고 있는 것이다. 또 주류 운동진영 외에 여타 진영은 한국사회에서 통일과 민족문제, 중소기업과 자영업 등이 갖고 있는 중요성에 대해 고민할 필요가 있다. 유럽에서 들여온 관념과 이론이 아니라 2008년 격동하는 투쟁의 현장에서 이 땅의 젊은 이들이 보여준 집단적 열정에 호흡을 맞춰야 하며, 노자관계라는 도식을 넘어 고통 받는 중소기업과 자영업에 응당한 시선을 돌려야 한다.

　끝으로 구슬이 서 말이라도 꿰어야 보배가 된다고 실제로 연대연합을 실현해야 한다. '우파는 부패로 망하고 좌파는 분열로 망한다'는 명언은 지금도 유효하다. 중요한 것은 단결해야 한다는 당위적 수사에서가 아니라 이를 저해하는 일체의 행동과 싸우는 과정에서 획득된다. 투쟁, 원칙 운운하며 교묘히 운동 기득권에 안주하여 연대연합에 소극적인 세력과 맞서 싸워야 한다.

보론

한국사회는 어디로 가고 있는가

2008년 촛불시위의 역사적 맥락

IMF 이후 한국경제는 다음의 네 단계로 나눠볼 수 있다.

첫째는 1998~2000년의 시기로 미국의 IT 버블에 따라 IT 생산과 수출이 급증했다. IMF의 고금리·긴축정책으로 동아시아의 경제위기가 러시아와 중남미로 번지자 1998년 4월을 기점으로 IMF가 한국경제에 대해 저금리·경기부양 정책으로 선회하여 한국이 IMF 관리체제로부터 벗어나는 시기다.

둘째는 2001년 미국의 IT 버블이 파열됨에 따라 수출이 급감하자 김대중 정부가 인위적인 경기 부양 정책으로 내수 위주의 경제성장을 구가하던 시기다.

셋째는 2003~06년 미국의 부동산 버블을 배경으로 하여 한편에서는 대자본의 수출 급증과 글로벌 투자 확대, 주식·부동산 등 자산거품이 커지고 다른 한편에서는 자영업자, 비정규직, 청년실업, 농민 등의 위기로 사회적 양극화가 심화되는 시기다.

넷째는 2007년 8월 이후 미국의 금융위기가 본격화되어 2008년 10월을 계기로 금융위기와 실물위기로 전화되는 시기다.

1998~2002년 시기의 한국경제는 외국자본이 금융을 장악한 조건에서 가계대출 위주의 새로운 영업관행과 정부의 인위적인 경기 부양으로 신자유주의의 파괴적 후과가 은폐되어 있었다. 비정규직이 확대되었지만 내수 팽창에 따른 자영업이 그 심각성을 일정하게 완충하고 있었고 빚에 의한 소비는 고용, 양극화, 내수 침체와 같은 위험한 경향에 대해 일종의 마취제 역할을 하고 있었다. 2002년 하반기에 내수가 붕괴된 이후 2003년부터 본격적인 신자유주의 세계화의 참화가 나타나기 시작했다. 자영업과 내수에 기반을 둔 중소기업의 몰락이 시작되었고 청년실업이 본격화되고 있었다. 또 신자유주의가 수도권을 중심으로 하여 한국을 지역적으로 재편함에 따라 지방경제의 최말단에 위치한 농업의 몰락이 가속화됐다.

그럼에도 불구하고 이 시기에 첫째, 2003~06년 미국의 부동산 버블에 기초하여 기본적으로 신용이 팽창됐던 점, 둘째, 구조조정을 마친 은행과 금융권들이 대형화, 겸업화라는 미명 아래 주식, 부동산 등 자산거품을 조장하고 있었던 점, 셋째, 대자본을 중심으로 놀라운 수출 신장이 지속되었고 도시근로자의 소득이 꾸준히 상승하고 있었던 점 때문에 사회적 모순과 갈등은 기형적인 형태로 표출되었다. 이를 요약하면 다음과 같다.

첫째, 전 사회적으로 주식, 부동산 등 투기열풍이 불었고 이는 2007년 미국의 금융위기가 시작되어 미국발 신용팽창이 신용수축으로 이전되던 시기인 2007년 8월을 넘어, 이미 위험수준을 넘어서고 있었던 2008년 여름까지 지속되었다.

둘째, 대자본의 높은 수출과 수익을 배경으로 꾸준히 임금이 상승하고 있던 대도시 근로자들은 한편으로는 주식과 부동산 다른 한편으로는 사교육 열풍에 몸을 실었다.

셋째, 신자유주의 양극화에 아래쪽에 속하는 비정규직, 자영업, 농민, 20대 대학생들의 저항은 대부분 소수화되거나 고립되었다.

2006년 말을 정점으로 하여 미국의 부동산 버블이 꺾이고 미국발 금융위기가 점화되기 시작했다. 반면 2007년 한국에는 부동산과 펀드 열풍이 전국을 휩쓸고 있었다. 2006년 11월 판교발 부동산 광풍이 대도시를 휩쓸었고 2005년 1000포인트를 돌파한 코스피 지수는 2007년 7월 25일 2000포인트에 이르렀다. 2007년 초부터 시작된 미국의 금융위기는 2007년 8월 BNP 파리바, 베어스턴스가 운용하는 펀드의 환매 사태를 계기로 전 세계적인 위기로 비화되고 있었다. 여전히 미국과 한국의 제도권 관료와 학자, 관계자들은 아무 일도 아닌 것으로 치부했지만 이는 1년 후 터무니없는 낙관이었음이 확인되었다. 따라서 미국의 금융위기가 본격적으로 발화되던 시점에 한국의 중서민 대중은 불나비처럼 불꽃 속으로 뛰어 들고 있었던 것이다.

이를 배경으로 이명박 후보가 당선되었다. 중서민 대중의 눈에는 버블의 마지막 차를 탄 자신들의 도박을 지켜줄 안성맞춤의 후보였을 것이다. 이런 관점에서 보면 중서민 대중은 주류 제도권의 무능과 맹신으로 미국의 금융위기가 1년 이상 은폐되고 있을 때 주류 제도권의 체질을 가장 적나라하게 체현하고 있는 후보를 선택한 것이다.

2008년 2월 이명박 정부가 출범했다. 그리고 이명박 정부에 대한 저항은 뜻밖에도 중고등학생들로부터 시작되었다. 왜 그들이었을까?

이는 2003~06년 사회모순의 약한 고리와 관련이 있다. 이 시기에 고소득 자산계층과 고소득 임금근로자들을 중심으로 사교육 열풍이 시작되었고 이는 중고등학생들에게 감당하기 어려운 경쟁과 압박을 강요했다. 여러 이야기를 종합해보면 2007년 12월 대선 때부터 중고등학생들 사이에서는 이미 반이명박 정서가 폭넓게 확산되고 있었다. 광범위한 인터넷의 보급, 대도시로의 인구집중 등 1998년 이후 진행된 변화가 중고등학생들의 정치적 진출의 사회적 배경이 된다.

하지만 이들만의 시위였다면 촛불시위가 그렇게 커지지는 않았을 것이다. 여기에 다음의 두 가지가 결합되었다.

첫째는 '강부자 정부', 영어몰입교육 등 이명박 정부의 전횡이 민주화 투쟁의 집단적 경험을 갖고 있던 386세대를 자극했고, 여기에 더해 중고생들의 거리진출을 계기로 하여 2007년 버블에 심취했던 수도권 개혁층의 전통적인 야성이 재결집했다.

둘째는 2008년 상반기에 진행된 물가인상, 특히 서민물가의 상승이다. 2008년 초 미국은 금리인하와 세금환급 등으로 금융위기를 수습하려 했다. 5.25퍼센트였던 기준금리는 삽시간에 2퍼센트대로 하락했다. 미국의 금리가 인하되면 달러 약세가 초래되고 이는 연쇄적으로 달러와 연동된 석유와 원자재, 곡물가격의 인상을 야기한다. 여기에 결정적으로 불을 붙인 것이 투기자본의 이동이다. 이들은 석유와 곡물가격의 인상이 예견되자 미국의 금융자산으로부터 실물로 대거 이동하여 석유와 곡물가격을 천정부지로 올려놓았다. 그리고 여기에 이명박 정부의 고환율정책이 결합되어 서민대중의 생활고를 악화시켰다.

이렇게 해서 중고생들이 선두에 서고 수도권의 개혁층이 행동으로 동참하며 서민대중이 관망적으로 지지하는 전대미문의 대시위가 2008년 상반기 서울 중심부를 휩쓴 것이다.

상황이 이러했기 때문에 촛불시위는 다음과 같은 특징을 갖는다.

첫째, 전통적인 운동진영과 내용적으로, 형식적으로 별 상관이 없거나 오히려 더 진보적인 운동형태를 보여주었다. 민주노총, 학생운동 등은 대체로 무력했고 진보정당(강기갑 의원과 진보신당)과 진보적 지식인 일부만이 이들과 호흡할 수 있었다. 온라인, 수평적 네트워크, 문화적 감수성, '모든 권력은 국민으로 나온다'는 구호 등은 지식정보화 사회에 걸맞은 전형적인 신세대와 고학력자들의 정서를 대변하고 있다.

둘째, 2003~06년 자산버블을 배경으로 진행된 새로운 형식의 첨예한 모순구조인 사교육문제를 배경으로 하고 있다.

셋째, 총적인 구호는 이명박 탄핵과 같이 대단히 높은 반면 실제 실현 가능한 구호는 대운하 반대, 건강보험·물 민영화 반대와 같이 온건한 내용을 담고 있다. 이는 운동적으로 미숙하거나 관념화 정도가 높은 지식인, 중간층의 정서를 많이 담고 있음을 의미한다. 운동 경험이 있었다면 당연히 총적인 구호는 낮게 들고 실제 실현 가능한 구호에 집중했을 텐데 촛불시위는 총적인 구호가 너무 높아 이명박 정부에게는 달리 선택의 여지가 없었다.

넷째, 절박한 생활위협에 직면한 서민대중의 목소리와 참여가 적었다. 화물연대의 조직적인 싸움을 제외하고는 축산농가, 자영업자, 비정규직 등의 참여는 상대적으로 적었다. 오히려 이들은 자살, 무정부적인 행동전, 사회적 일탈 등과 같은 비합리적인 태도를 보여주었다(가장 조직적인 싸움을 벌인 또 다른 집단은 중소기업이다).

다섯째, 미국발 금융위기가 본격화되는 상황에 있었음에도 불구하고 기이하리만큼 이에 대한 논의나 대응이 적었다.

전체적으로 요약하면 2008년 촛불시위는 촛불보다 훨씬 위험도가 높은 미국발 금융위기가 서서히 목줄을 죄어오고 있음에도 불구하고 그 여파가 구체적인 현실로 닥치기 이전 상황에서, 대도시의 새로운 모순으로 떠오른 교육문제의 압박에 시달리는 중고생들을 선두로 하여 수도권의 개혁적 청장년층의 행동적 참여와 경제위기에 시달리는 중서민 대중의 암묵적 지지 속에 벌어진 대도시 중심의 반이명박 운동이다.

향후 예견되는 정치적 변수

경제위기의 정도

향후 한국경제는 심각한 경제위기에 직면할 것이다. 왜냐하면 IMF 때보다 훨씬 깊이 미국의 자산버블에 편입되어 있기 때문이다. 환율의 불안정성, 은행의 건전성, 가계의 과도한 대출, 주식·부동산 버블붕괴 조짐 등은 모두 IMF 이후의 외환·금융자유화와 밀접하게 관련이 있고 대자본 위주의 수출 중심 경제구조도 미국의 과소비를 최종 수요로 하고 있다. 경제위기의 정치적 발현형태를 예상하기 위해서는 다음과 같은 세 가지 형태를 볼 필요가 있다.

첫째, 유럽적 형태를 띨 수 있다. 아이슬란드와 그리스를 시작으로 하여 프랑스로 번지고 있는 유럽의 양상은 고용문제, 실업문제에 대한 오랜 투쟁경험과 사회적 전통을 갖고 있는 고도 자본주의 사회의 특징을 잘 보여준다. 한국이 유럽과 비슷한 양상을 띠고 있지만 노동운동에 대한 사회적 저항감이 크고 동양적인 정서를 갖고 있기 때문에 유럽에 비해 덜 조직적이고 덜 위력적이지만 보다 극단적인 형태를 띨 가능성이 커 보인다.

둘째, 태국에서 보이는 현상이다. 태국의 경우 탁신 총리는 부패했지만 농민 등에 대한 빈민구제책으로 인해 '중산층 : 반탁신－빈민·농민층 : 친탁신'이라는 기형적인 구도가 형성되어 있다. 이명박 정부의 경우 조악한 친기득권 정책을 취하고 있고 대도시에 고학력 집단이 두텁게 버티고 있기 때문에 이런 류의 포퓰리즘이 한국에서는 통하기 어려울 것이다. 그러나 운동진영이 행동화하는 중간층과 직접적인 생계 위협에 노출된 극빈층 사이에서 섬세하게 균형을 잡는 것은 대단히 중요하다.

셋째, 2001~03년의 아르헨티나 같은 사태다. 2001년 아르헨티나는 경제위기에 직면해 연속적인 도시봉기로 2년 동안 사실상 무정부 상태가 초래되다 2003년 키르치네르 중도좌파 정권이 들어서면서 안정을 찾았다. 그런데 한국의 경우 대자본과 국가 재정에 여유가 있기 때문에 이런 정도의 상황이 발생할지는 미지수다.

전체적으로 보면 경제위기의 심도를 가늠할 수는 없지만 경제위기가 심화될 경우 대도시 고학력 청년층이 행동적으로 저항하고 조직화된 사회운동 대오가 이에 합류하는 양상이 될 것이다. 민주노총 대규모 사업장의 구조조정 싸움은 단위 사업장에 고립될 가능성이 크고, 극빈층의 대부분은 이명박 정부에 대해 비판적인 입장은 가지고 있지만 행동화하지는 않고 일부 집단을 중심으로 자살이 잇따르거나 용산참사와 같은 비극적인 사태가 연이어 발생할 것이다. 물론 경제위기 정도에 따라 심각한 수준의 충돌도 예상된다.

범보수세력의 분열과 이데올로기의 위기

이명박 정부는 삼성, 현대 등 글로벌 대자본을 뿌리로 하여 첫째, 서울 강남의 글로벌 신주류와 영남의 구주류 사이의 연합정권의 성격, 둘째, 신자유주의가 퇴조하는 가운데 들어선 이념성이 강한 신자유주의 정권이라는 특징을 갖는다. 이명박 정부가 아직도 신주류와 구주류 사이의 통합을 이루지 못한 것은 매우 불행한 전조다. 대전·충남의 자유선진당은 물론이고 친박계열을 통합하지 않고 친정체제를 강화하는 것은 정치적으로 보면 무모한 선택이다. 특히 위험한 것은 신용확대 국면에서 신용수축 국면으로 접어듦에 따라 제한된 자원을 둘러싸고 이권(?)싸움이 벌어지고 있는 상황에서 두 세력이 상극의 입장에 설 가능성이 크다(수도권과 지방의 갈등). 이럴 경우 범보수세력 내에서의 권력투쟁이 생각보다 심각한 양상으로 비화할 가능성이 있다.

이명박 정부가 넘어야 할 또 다른 산은 범세계적인 이데올로기 전선이 이명박 정부에게 불리하게 돌아가고 있다는 점이다. 이미 삼성경제연구소 등 보수진영의 연구소, 이데올로그들조차 '국가자본주의'[20] 운운하며 신자유주의와 일정한 거리를 두고 있다. 이런 상황이라면 시간이 흐를수록 상황의 변화를 추인하는 실용적인 집단과 이념적 지향을 강하게 띤 세력으로 양분될 가능성이 큰데 이명박 정부는 끝까지 후자를 견지할 것으로 보인다. 시간이 흐를수록 이명박 정부는 고립무원의 상태로 치달을 것이다.

---

20 〈2009년 해외 10대 트렌드〉, 삼성경제연구소 보고서, 2009년 1월 7일.

민주주의와 부패

이명박 정부는 정권 주도권을 잡기 위해 검경 등을 동원한 경성권력에 의존하는 성향이 강해지고 있다. 이에 더해 언론, 사이버 공간 등에 대해 광범위한 통제작업에 착수했다. 이에 대한 강도가 심해질수록 역설적으로 김대중-노무현 정권 이래 소원해졌던 민주진보진영 사이의 연대가 강화되고 있다. 이는 이명박 정부로서는 불가피한 선택일수 있지만 범보수세력으로 보면 대단히 위험한 선택이다.

한국의 오랜 민주화 전통은 과거와 같은 공안통치를 좀처럼 허용하지 않을 것이다. 오히려 시간이 흐를수록 경제위기에 대한 대통령에 대한 기대가 사라지고, 용산참사 같은 사건이나 대형 부정비리 등이 터질 경우 뜻하지 않은 그러나 필연적인 대역풍에 휘말릴 가능성이 높다.

남북관계

북미관계는 전격적인 북미협상에 기초해 북의 (제한적) 핵포기와 북미수교를 맞바꿀 가능성이 크다. 전쟁, 북 내부의 정치적 격변, 시간의 지연 같은 다른 가능성은 희박해 보인다. 미국의 우선순위는 아프가니스탄과 이란일 것으로 보이지만 북한은 2009년 4월 5일 로케트 발사를 통해 북미 사이의 전격적인 협상을 요구하고 있다. 전체적으로 보면 전격적으로 타결되거나 아니면 극적이거나 제한적인 긴장이 발생한 후 타결하는 수순을 밟게 될 것이다.

남북관계는 북미관계와 연동하여 풀리게 될 것인데(물론 시간적인 선후차는 바뀔 수 있다. 북미관계가 우선이라는 것은 시간적인 문제라기보다는 비중의 문제다) 남북관계와 무관하게 북미협상이 풀릴 가능성과 북미협상 과정에서 제한적인 개선이 이뤄질 경우를 가정해볼 수 있다. 이렇게 된 이유는 미국에게도 별 여유가 없기 때문이다. 경제위기 극복이 급하고 아프가니스탄과 이란이 초미의 현안으로 떠오른 조건에서 북한이 한반도에서 제2전선을 열어버릴 경우 난감한 입장에 놓일 가능성이 크다. 이럴 경우 한국과 일본의 요구를 뿌리치고서라도 북미협상을 강행하려 할 것이다.

이런 양상 역시 신자유주의에 대한 태도와 함께 이명박 정부에게 심각한 이데올로기적 충격을 주게 될 것이다. 통일정세의 향방이 이와 같다면 향후 이명박 정부의 공안통치가 실효를 거두기 어려울 것이다. 1972년 유신체제는 동북아시아 정세가 미중 화해로 전환되는 국제정세의 추이를 거슬러 강행된 것이다. 상황이 그러했기 때문에 유신체제는 내부로부터 파열될 수밖에 없었다. 당시와 비교하면 여러 조건이 이명박 정부에 훨씬 불리하기 때문에 남북관계를 악용한 강압통치는 유지되기 어렵다고 봐야 한다.

정치세력의 이합집산

먼저 주의해야 할 점은 이명박 정권의 집권기반과 범보수진영의 집권기반을 구분할 필요가 있다는 것이다. 특히 삼성 등 대자본의 경우 경쟁력과 여유자금이 풍부한 점, 이명박 정부 또한 재정기반이 건실하여 재정지출을 통해 서민층의 지지를 획득할 수 있는 여력이 있다는 점을 주목해야 한다.

2012년 차기를 염두에 둔다면 범보수진영의 강점은 유력한 대권주자가 있는 점, 심각한 경제위기에도 상당한 경쟁력을 보유한 대자본과 보수엘리트층이 두텁게 형성되어 있는 점이다. 반면 이들의 약점은 경제위기가 심화됨에 따라 불가피하게 대중의 역동적인 진출이 예상되고 자신들이 유지해왔던 이데올로기적 기반이 약화되거나 무너지고 있는 점이다.

상황은 범민주진보진영에게 유리하게 흐르고 있지만 결정적인 약점은 대중의 역동적인 진출과 이를 집약할 정치세력의 진출이 더딘 점, 그리고 결정적으로는 무너지고 있는 신화(신자유주의와 미국 일극주의)를 대체할 대중적이면서 간명한 기치를 내걸고 국민대중과 호흡하지 못하고 있는 점이다. 범민주진보진영의 대도약이 없다면 2010~12년의 정세는 만만치 않다.

노무현 전 대통령 서거 및 북핵정세와
우리의 과제

5월 29일 노무현 대통령의 영결식이 있었다. 향후 민심이 어떤 방향으로 흐를지 예측하기가 어려운 상황이다. 또 4월 5일 북의 로케트 발사와 5월 25일 2차 핵실험을 계기로 시작된 한반도 정세의 급변도 점차 정점을 향해 치닫고 있다.

북의 2차 핵실험

북의 2차 핵실험은 이미 예고되어 있었다. 단 그것이 예상보다 빨리 진행된 점이 특징이다. 북의 핵실험의 목적은 분명하다. 지금까지의 회담이 '6자회담에 기초해 북핵 폐기'를 최종 목표로 하는 양상이었다면 향후에는 '북미 양자협상에 기초해 핵군축(북의 핵과 미국의 핵을 동시에 의제로 하는)' 회담으로 이동하자는 것이다. 상황은 '미국의 적당한 수준의 공세-북미협상-최종담판'의 형태로 귀결될 것이다. 쟁점이 있다면 다음과 같은 점이다.

첫째, 북의 최종 목표가 무엇인가 하는 점이다.

북의 의도가 핵보유국 지위를 확보한 후 한반도와 동북아시아의 근본적인 질서 재편이 마무리되면 핵을 포기하는 것인가 아니면 핵보유 그 자체가 목적인가 하는 점이다. 북의 최종 목표가 무엇이든지 향후 2~3년 안에 한반도와 동북아시아 질서는 상상하기 어려운 대격랑 속으로 빠져들 것이다. 중국과 러시아가 심각하게 반응하는 이유도 여기에 있다.

둘째, 북의 내정과의 관계다.

북의 공세가 2012년 강성대국 선포라는 시간표에 맞춰 진행되고 있는 점은 분명하다. 문제는 7차 당대회, 후계구도, 김정일 위원장의 건강상태 등과 현재의 공세가 어떤 관련이 있는가 하는 점이다. 정보가 제한되어 있어 이를 판단하기는 쉽지 않다. 단 최근의 북의 행동을 보면 이전과 달리 북의 내정문제와 깊게 결합되어 있고, 그 방향은 북미 협상의 속도와 강도를 증폭시키는 쪽으로 전개되고 있다.

북미 정세가 심각한 양상을 띠고 있지만 대체로 예상 가능한 궤도를 따라 움직이고 있다면, 예측을 불허하는 문제는 남북관계다. 5월 26일 이명박 정부는 PSI 참여를 전격 선언했다. 이명박 정부의 PSI 참여는 예상 가능한 것이지만 북의 다음 행동에 빌미를 줄 수 있고 북의 공세를 제어할 수단이 없는 점에서 위험한(?) 고육지책이다. 아마도 북의 공세는 이명박 정부의 정체성을 근본적으로 흔드는 수준까지 강도 높게 지속될 것이다. 북한과 미국이 적당한 수준의 긴장 후 협상국면으로 접어든다면 이명박 정부는 심각한 딜레마에 처할 가능성이 높다.

국민대중의 정서는 경향적으로 대북감정이 악화되면서도 관망 또는 양비론적인 시각을 띨 것이다. 정세의 발전속도가 상식을 초월하는 수준에서 진행되고 있는 만큼 여기에 민간진영, 국민대중의 정서가 개입될 여지는 거의 없다.

노무현 전 대통령 서거와 정치지형

먼저 노무현 전 대통령의 '서거'에 대한 폭발적인 대중적 분노의 실체를 정확히 알 필요가 있다.

《한겨레》(5월 28일자)는 "이명박 대통령 집권 이후 1년여를 겪으며 …… 식을 줄 모르는 '추모의 염'에는 반성적 회고와 성찰이 담겼다" "노 전 대통령에 대한 추모 열풍은 현실을 살아가는 '보통사람들'의 고통과 좌절이 투영된 현상이기도 하다"라고 평가하고 있다.

2003~06년 미국의 부동산 버블을 최종 수요로 하는 전 세계적인 거품국면에서 한국은 수출의 급성장, 이에 따른 펀드 열풍과 부동산 열풍이 대도시 중서민층을 압도했고 이 연장선에서 그에 가장 적합한 인물인 이명박 후보가 당선되었다. 2008년 이후 경제위기가 본격화되고 이명박 정부의 강권통치가 지속되면서 대도시 중서민층은 두 갈래에서 심각한 좌절감을 느끼고 있다. 하나는 재테크와 무한경쟁으로 치닫는 자기 자신과 우리 사회가 과연 올바른 것인가. 다른 하나는 소통하고자 하는 국민대중을 다시금 공권력을 동원해 가로막고 나서는 이명박 정부에 대한 분노다.

신자유주의 무한경쟁의 시대, 거친 광야에 홀로 남겨진 사람처럼 한 사람 한 사람 가슴속에 깊이 내장된 '고통과 좌절'의 기억들이 어떤 계기마다 거대한 강물이 되어 흐르고 있는 것이다. 유사한 현상이 태안반도 기름유출 사건에서 보여준 봉사물결, 김수환 추기경 선종에 대한 국민적 추모열기 등이다. 이명박 정부에 대한 다양하고 중층적인 갈래의 반감, 서민적이고 소탈했던 한 인물에 대한 동정, 10년 만에 권력을 되찾은 보수주류의 난폭한 역류에 대한 분노가 대통령까지 지낸 한 인물의 비극적인 '죽음' 앞에서 극적으로 분출되고 있는 것이다.

노무현 전 대통령의 서거에 대한 애도 열기가 예상을 뛰어 넘는 수준에서 진행되었지만 여러 갈래의 복잡한 감정들을 하나로 묶어주었던 '추모'라는 계기(5월 29일 영결식)가 사라지면 반이명박이라는 명료한 정치적 대오만 남을 가능성이 크다. 따라서 이명박 정부에 대한 반감의 강도는 4월 29일 재보선에서 나타난 반MB 정서의 연장선에 있다. 즉 '2008년 촛불시위—이명박 정부의 강권통치와 촛불의 후퇴—합법적인 선거를 통한 반격'이라는 테두리 안에 있다. 단 그것이 전임 대통령의 '사망'이라는 충격적인 결과와 결합되어 나타난 만큼 깊고 강한 분노로 응축될 것이다.

5월 29일 영결식이 끝난 후 양상은 두 가지 형태로 분화될 것이다. 하나는 민주당을 중심으로 한 야당의 대여 공세이고, 다른 하나는 대중의 거리진출이다. 5월 25일 한국사회여론연구소의 여론조사에 따르면 정당지지율에서 한나라당이 21.5퍼센트인 반면 민주당은 20.8퍼센트(4월 13.0퍼센트에서 7.8퍼센트 상승)로 나타났다. 이 여론조사의 핵심은 '식물정당'처럼 존재감이 없던 민주당의 지지율이 의미 있게 상승한 점이다. 이는 반이명박 정서가 민주당, 민주노동당으로 이동하지 않은 채 부동층으로 남아 있던 상황이 부분적으로 파열되고 있음을 시사한다. 이러한 경향은 향후 있을 큰 선거를 계기로 보다 명료하게 드러날 것이다. 영결식 이후 민주당은 이명박 정부에 대한 대여 공세를 강화할 것이다. 이렇게 되면 여론의 지지를 등에 업은 민주당의 공세와 수세에 몰린 이명박 정부와 여당이 방어하는 형태의 정국이 예상된다.

대중의 거리진출 측면을 보면 '심리적 위축-합법공간(선거)을 통한 반대'에서 심리적 위축의 강도가 약화되고 합법공간에서 반半합법공간으로 이동하려는 경향이 강화되겠지만 여전히 정치지형을 근본적으로 바꿀 정도의 대대적이고 역동적인 거리진출 수준은 아닐 것이다.[21]

이명박 정부는 법무부 장관 사퇴, 검찰총장 사퇴와 같은 일종의 '꼬리 자르기'와 강경책을 병행할 가능성이 크다. 하지만 전자 수준으로는 국민대중의 민심을 돌려 세우기에는 역부족이고 후자의 경우에는 5월 27일 서울광장 추모대회 불허, 5월 30일 새벽 추모장소에 대한 침탈 등이 단적으로 보여주듯이 선택의 여지가 없어 보인다. 이명박 정부와 한나라당의 진로는 점차 불투명한 상황으로 빠져 들고 있다.

전체적으로 요약하면 첫째, 반MB 정서가 깊고 폭넓게 확산되지만 정부가 이를 돌파할 마땅한 수단을 찾지 못하고, 둘째, 반한나라당의 입장을 취하고 있는 일부가 민주당 지지로 선회하고, 셋째, 그럼에도 여전히 반MB 입장을 취하고 있는 국민대중 다수는 무당파층으로 남아 있는 양상을 띠게 될 것이다. 상황을 이와 같이 정리하면 정치권의

---

21 대중은 그렇게 쉽게 움직이지 않는다. 진보진영은 한탕주의식 발상을 버리고 대중의 마음을 깊이 헤아려 끈질기게 대중의 이해와 요구를 대변해야 한다.

대치가 날카로워지고 거리에서의 갈등이 예민해지는 가운데 10월 재보궐선거와 내년 5월 지방선거로 수렴되는 양상을 띠게 될 것이다.

경제에 대한 전망

2008년 4/4분기 외자 이탈과 수출의 급격한 침하로 나타났던 경제위기는 올해 3월 초를 계기로 일단 수습국면에 접어들었다. 경상수지 흑자와 외자 회귀가 외환시장을 안정시키고 유동성공급과 재정지출, 금리인하로 금융시장도 소강국면이다. 수출, 소비심리, 제조업 생산 등도 침하속도가 약화되고 있다. 그러나 2009년 1/4분기의 호전이 정부의 재정지출(건설투자 전기 대비 5.3퍼센트 성장), 환율효과에 의한 수출 증가, 투기적 성격을 갖고 있는 외자의 회귀, 주식과 강남부동산 등 자산시장의 부분적인 과열 등과 연관되어 있는 반면 여전히 고용, 설비투자 등이 극히 부진하고 하반기 구조조정이 기다리고 있는 점을 고려하면 갈 길이 멀다.

특기할 만한 점은 경제위기의 여파가 20~30대 청년층, 자영업자, 고령자 등 사회적 취약층에 집중되어 있어 경제위기에 따른 고통분담도 양극화되고 있는 점이다. 향후 경제상황은 지금의 수준에서 안정적으로 관리된다고 하더라도 U자형 또는 L자형 장기불황으로 갈 가능성이 높다는 점에서 서민생계는 악화될 것이다. 결국 사회안전망의 확충, 고용증진, 내수 중시, 빈부격차 해소 등의 구조적인 해결이 없이는 상황을 타개하기 어렵다.

반면 경제상황의 악화에도 불구하고 이를 개선하려는 조직적인 움

직임은 미미해 보인다. 전반적으로 심리적 위축과 기득권 위주의 경제
정책이 상황을 주도하는 가운데 용산참사, 화물연대, 쌍용자동차, 대
학생들의 등록금 투쟁 등 산발적인 투쟁이 단발적으로 벌어지고 있는
양상이다.[22]

우리의 과제는 무엇인가

민주노동당의 치명적인 약점은 서울경기 등 수도권에서 대중적 지
반이 취약하고, 민주노동당의 노선과 감수성이 수도권 청년층과 괴리
되어 있으며, 전국적 지명도를 갖는 대중정치인이 없다는 점이다. 이
는 영호남의 제조업 노동자, 호남의 농민에 기반을 둔 작은 규모의 선
거에서는 나름대로 선전하겠지만 2010년 서울경기 선거, 2012년 대선
등 전체 정치지형을 판가름할 큰 선거에서는 고전할 것임을 시사한다.
일부에서는 4월 29일 재보선에서 호남의 선전을 근거로 들어 이 흐름
이 수도권으로 북상할 것으로 보기도 하지만 이는 '수도권-지역'으로
양분된 한국사회의 현실을 간과한 판단이다.

이런 가운데 민주노동당 내에서 울산북구의 단일화가 '원칙 없는
타협'[23]이라거나 진보연대 강화, 민주노총의 배타적 지지방침의 고수
등 비상식적인(?) 발상[24]이 돌출하고 있는 점은 우려할 만한 사태다.

---

22 한국의 사회운동은 부정선거, 공권력에 의한 타살과 같은 정치적 계기를 통해 분출되
었지 사회경제적 의제를 고리로 한 투쟁의 경험이 많지 않다.

23 이런 평가의 논리적 귀결은 10월 재보선, 2010년 5월 지방선거에서의 독자성 강화인
데 서울경기에 국한해 본다면 이런 전술은 거의 자멸의 길이다.

민주노동당의 상태를 극명하게 보여주고 있는 것은 2009년 6월 20~
21일 진행된 정책당대회에 대한 민주노동당의 태도다. 전체적으로
1980년대 중후반의 관념과 정서에 묶여 있고 정책과 노선에 대한 관
심이 현저히 떨어져 있다.

이상을 종합하면 민주노동당은 영호남의 국지 선거에서는 부분적
으로 선전하겠지만 수도권에서는 대중과 유리된 거리투쟁을 지속하
고 국민대중을 설득할 전망을 갖지 못한 소수정당으로 전락할 가능성
이 적지 않다.

진보진영의 핵심적인 과제는 정책과 노선, 문화와 감수성에서 2008년
촛불, 2009년 노무현 전 대통령의 서거와 관련된 대중의 분출 등 국민
대중, 특히 수도권의 개혁적 청장년층과 호흡을 같이 하는 것이다. 특
히 고용·교육·주거 등 사회경제적인 영역, 외환·금융 등 국민경제의
안정성과 관련된 영역, 평화와 통일 등 몇 가지 영역에서 진보적인 정
책을 함축적으로 정리하고 2010~12년을 목표로 일관되고 끈질기게
이를 선전하고 전파하는 것이다.

다음으로 연대와 연합을 잘해야 한다. 일단 한나라당 내부의 변화
를 무시하고 정치지형을 조망해 보면 다음의 두 가지로 요약할 수 있
다. 민주당이 우파적 성향의 후보를 내세우면 진보개혁진영을 망라하
는 단일후보를 통해 3파 구도를 만들고, 민주당이 좌파적 성향을 갖

---

24 노선의 타당성 여부를 떠나 아예 실현이 불가능하다. 민주노총의 진보연대 가입은 불
가능했다. 그럼에도 불구하고 2009년 초반까지도 이런 무모한 시도가 계속된 이유는
무엇일까? 정작 민주노총은 양당의 통합을 주장하고 있는데(개인적으로는 무리한 시도라
고 보지만) 민주노총의 배타적 지지를 고수, 강화하자는 주장을 어떻게 보아야 하는가?

는 후보를 내세운다면 진보진영의 단합된 힘에 기초하여 연합후보를 세워 한나라당과 일 대 일 구도를 만들어야 한다. 핵심은 '민주노동당＋진보신당＋시민민중진영＋촛불민심'이 결합된 단일후보여야 하고 정치적 포지션은 수도권 청장년층에 기반을 둔 중도좌파 성향이어야 한다. 2010~12년 진보진영의 최소 목표는 '현대적·대중적·진보적이며 정치적 영향력이 있는' 진보정당[25]을 만드는 것이고 최대 목표는 민주당의 '좌파'와 함께 연립정권을 세우는 것이다.

진보진영이 분열되는 것은 논란의 가치조차 없는 망국의 길이다. 국민대중은 4월 29일 재보선 결과와 5월 25일 한국사회여론연구소의 여론조사 결과가 보여주듯이 민주당이라는 차악의 선택[26]을 통해 한나라당을 심판하거나 투표 자체를 거부하게 될 것이다.[27]

끝으로 대학등록금 후불제, 1인가구를 위한 공공임대주택, 국민고용보험제와 같이 실현 가능하고 합리적이며 대중적인 지지가 높은 몇 가지 주제를 선택하여 큰 규모의 대중운동을 끈기 있게 준비해야 한다.

---

25 이는 민주노동당을 기본으로 할 수도 있고 양당 통합을 통해 실현할 수도 있고 아니면 시민민중진영까지 포함해 제3지대에서 출발할 수도 있다.

26 인천선거에서 국민들은 한미 FTA를 추진했던 홍영표 후보에게 표를 던지는 형태로 반한나라당 정서를 표출했다.

27 2010~12년의 일련의 선거에서도 민주노동당과 진보신당은 4월 29일 재보선의 울산북구에서의 상황과 동일한 상황에 직면할 것이다. 그런 면에서 보면 울산북구의 단일화가 '원칙 없는 단일화'였다는 평가는 이해하기 어렵다. 오히려 단일화가 늦어져 노동자계급 투표, 종북주의 논란에 대한 사과 같은 원칙적인 내용이 유실된 것이 문제다. 이렇게 된 것은 진보운동의 단합과 발전보다는 민주노동당 후보의 당선에 목표를 집중했기 때문이다.